岩　波　現　代　文　庫

孤塁

双葉郡消防士たちの3・11

吉田千亜
Chia Yoshida

社会 333

岩波書店

目次

孤塁　双葉郡消防士たちの3・11

プロローグ …… 1
1 大震災発生──3月11日 …… 7
2 暴走する原発──3月12日 …… 41
3 原発構内へ──3月13日 …… 77
4 三号機爆発──3月14日 …… 101
5 「さよなら会議」──3月15日 …… 125
6 四号機火災──3月16日 …… 141

7　仕事と家族の間で――3月17日～月末……167
8　孤塁を守る……191
エピローグ……225
あとがき……231
参考文献……241
『孤塁』その後――岩波現代文庫版によせて……243

写真提供　1～7章扉・149頁＝双葉消防本部、8章扉＝著者撮影

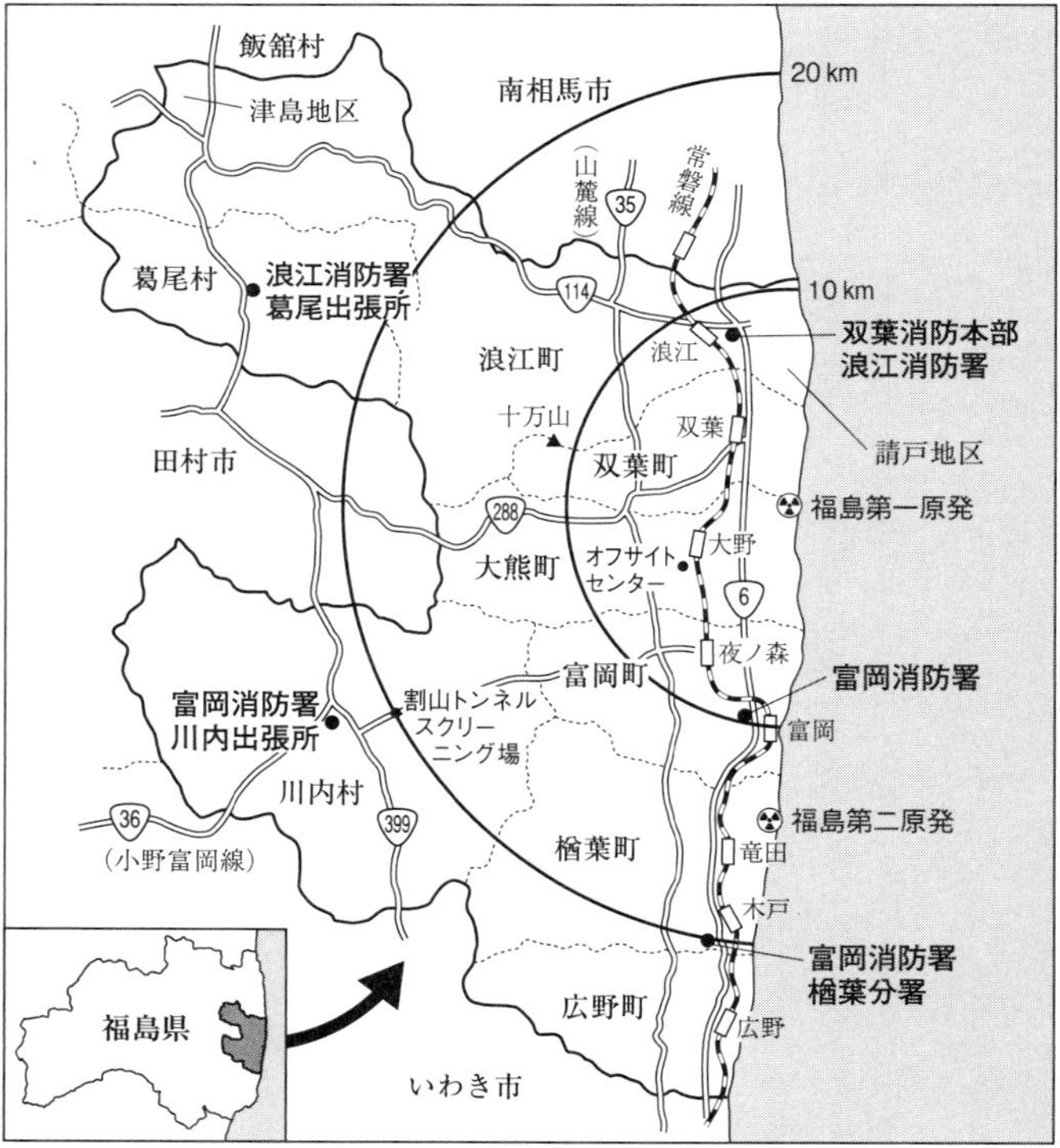

飯舘村
津島地区
南相馬市
20 km
(山麓線)
35
常磐線
葛尾村
浪江消防署
葛尾出張所
114
10 km
双葉消防本部
浪江消防署
浪江
浪江町
十万山
双葉
請戸地区
田村市
双葉町
福島第一原発
288
大野
大熊町
オフサイトセンター
6
夜ノ森
富岡町
富岡消防署
割山トンネル
スクリーニング場
富岡消防署
川内出張所
富岡
川内村
福島第二原発
36
399
竜田
(小野富岡線)
楢葉町
木戸
富岡消防署
楢葉分署
福島県
広野町
広野
いわき市

双葉郡関連地図(2011年3月11日時点)

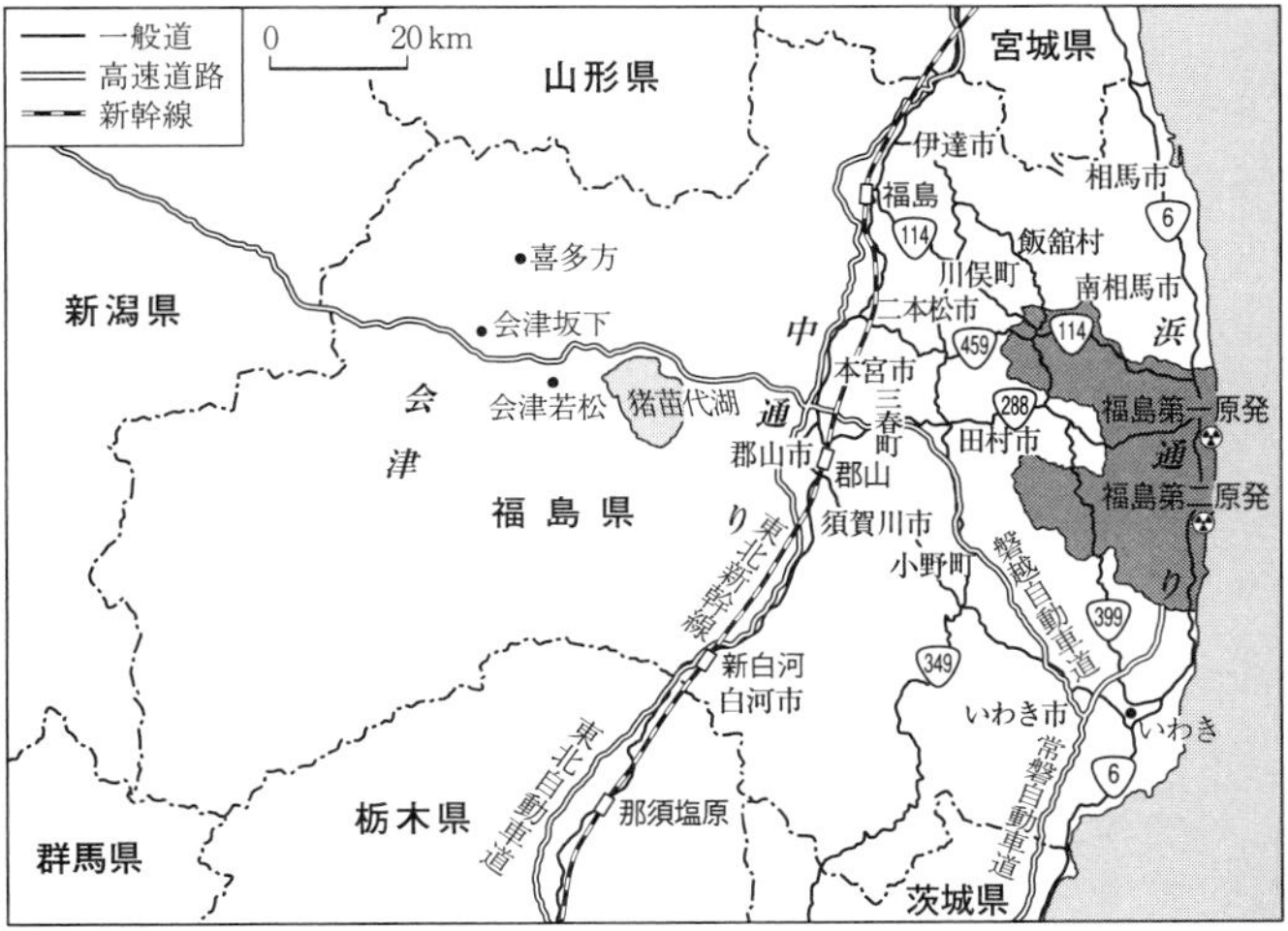
一般道
高速道路
新幹線
0
20 km
山形県
宮城県
新潟県
群馬県
栃木県
茨城県
福島県
伊達市
福島
相馬市
飯舘村
川俣町
南相馬市
喜多方
会津坂下
会津若松
猪苗代湖
二本松市
本宮市
三春町
郡山市
郡山
田村市
福島第一原発
福島第二原発
須賀川市
小野町
新白河
白河市
那須塩原
いわき市
いわき
会津
中通り
浜通り
東北新幹線
東北自動車道
磐越自動車道
常磐自動車道
114
459
288
399
349
6

福島県関連地図

消防士の年齢・所属は、いずれも東日本大震災当時のものである。
本書中には、津波や津波被害、原発事故当時の描写があります。

プロローグ

白く泡立つ波が砂に波形を描き、黒く沈み始めると次の波が来る。それを繰り返す砂浜の向こうに目をやると、海に細長く突き出た岬に波が白く砕け、潮風が吹き抜ける。福島県「浜通り」の海沿いに住んでいた人はよく、「冬はそれほど寒くないし、夏は海風で涼しかったから、エアコンはいらなかった」と言う。浜は、住みやすかったよ、と。

福島の海は、有名なサーフスポットがいくつかある。渡邉克幸《わたなべかつゆき》(21・富岡《とみおか》消防署救急第二係)がサーフィンを始めたのは、先輩から「海に入らないか」と声をかけられたのがきっかけだった。消防士の中にはサーフィンを趣味にしている人も多く、その先輩も上手《うま》かった。夜勤明けでも、午前中の訓練が終われば、みんなで海に行く。本当に好きな人は、朝、出勤前に海に入ってから仕事をするほどだった。渡邉は、寒い時期に海に入るのは苦手で、暖かい季節限定だったが、先輩や同期と一緒に海に行くのは楽しい時間だった。

渡邉はかつて体育の教師を目指していたが、「地元に残ってほしい」と言う両親と相談し、高校三年生の冬に消防士になることを決めた。身体を動かすのが好きで、それで人助けができるのなら、という思いからだった。

消防士になり、最初に驚いたのは、消防署とは階級制度の残る縦社会の組織であることだった。福島市にある消防学校に半年間入校し、消防の基礎を学ぶ際にも、規律、規範、言葉遣いに至るまで、きっちり叩き込まれた。危険な現場へ赴き、組織で動くものだからこそ、上司の命令には必ず従う。

また、基礎体力を鍛えるだけではなく、資器材やロープの扱いを学ぶことも目新しく、おもしろかった。消防士というと、火災現場で火を消すイメージしかなかったが、救急車で患者を搬送する救急の仕事も含まれることもそこで知った。

双葉《ふたば》消防本部には、警防係、救急係、予防係、庶務係の四つの係がある。消防士になると、最初に警防係を五～六年経験する。火災現場の火を消し、救助が必要な現場では救助活動を行なう係だ。救急係は傷病者の救急対応と病院への搬送。この係には、救急救命士の資格を持つ職員もいる。予防係は、管内事業所の消防設備の立入検査や、法律関係の確認、業者対応など。庶務係は、事務方を担う。双葉消防本部は組織の規模が小さいため、全員がすべての職務を一度は経験する。大規模な災害・火災現場には、職員が総動員されることもあり、オールマイティな技術と知識が必要とされた。

　渡邉が消防学校で半年間、消防の基礎を学び終え、最初に配属されたのは富岡消防署の警防係だった。隊長のもとでスクラムを組み、喜ぶのも悲しむのも一緒、といった仲の良いチームで、仕事のやりがいもあった。外部の勉強会に参加し知識を深め、それを持ち帰った職員から「こうしたほうがいい」というアドバイスをもらいながら、日々訓練を重ねた。プライベートでも、サーフィンだけでなく、山登りやバーベキューも一緒に楽しむ間柄だった。「仕事以外の時間も職場の人といるなんて」と言う人もいたが、寝食を共にしながら二四時間勤務を繰り返す同僚は、家族のようなものだった。

　初めての現場は、車の中で練炭自殺を図った男性の救助だった。苦しくなり、エンジンをかけて物置に突っ込んだところを、家族が発見した。発見が早かったことは幸いだったが、命を救うためには迅速な換気の必要があった。見守る家族は泣き叫んでいた。渡邉のイメージでは、ガラスカッターで窓ガラスを切断し、換気をするものと思っていたが、次の瞬間、隊長が石で後部の窓ガラスを割り、ロックを解除してドアを開けた。本来なら、空気呼吸器を装着して救助にあたるところだが、隊長の咄嗟《とっさ》の判断だった。近くで待機していた救急車に素早く運ばれ、男性は搬送されていった。渡邉は、最初の出動が自殺現場であったことも、活動内容が机上とは違うものだということも、すべてに驚き、印象深く覚えている。

二〇歳になった二〇一〇年に、渡邉の祖父と父が相次いで他界した。「この年で代替わりなんて早すぎる……」と渡邉は内心思っていたが、心細さを抱える母と祖母を支える長男としての役割を肌で感じていた。

町の防災無線から火災発生を知らせるサイレンの音が聞こえると、志賀隆充《しがたかみつ》(36・富岡消防署予防係主査)の妻と母は、車二台のエンジンをかけ、玄関に靴を並べる。志賀の父は消防団の法被《はっぴ》を着て、志賀は防火衣の上下に着替え、車に飛び乗る。父は消防団、息子は消防署の職員。非番日でも、真っ先に現場に到着することを心がけていた。特に、父親とは競うように現場へ向かった。消火のための水利(消火栓・川など)を確保し、ホースを伸ばす。素早く火を消すことが第一目的ではあるが、最初に放水する人は、いわばその現場の「花形」だった。

志賀の自宅は浪江町《なみえまち》にあり、大堀相馬焼《おおぼりそうまやき》という地域の伝統工芸の三〇〇年続く家だった。父も伝統工芸師だったが、その後ろ姿よりも、サイレンと同時に法被を着て飛び出していく消防団員としての父の後ろ姿を、かっこいいと思って育った。周囲からは「大堀相馬焼を継ぐのは隆充だろう」と思われていたようだったが、決められたレールに乗るのはどこか抵抗があった。そして、消防士になった。

志賀は長く予防係を務めている。職歴が長くなると、四つの係のうち、それぞれの職員の適性を活かした配属になる。予防係は「焼死者の発生を未然に防ぐための仕事だ」と思い、志賀はやりがいを感じていた。甲種消防設備士、甲種危険物取扱者など、火災予防業務に関係する資格も取得した。消火器、スプリンクラー、自動火災報知器の取り扱いと工事、ガソリン、灯油、軽油の扱いなど、知っておくべき知識を自主的に学んでいた。消防士に必ずしも必要な資格ではなかったが、業者との雑談や、事業所が届け出た書類の審査に、それらは役に立った。火災や事故を未然に防ぐために、管内における新設の事業所や店舗などの防火対策は先方の責任者と一緒になって考えた。

双葉消防本部では、本部職員は日勤(平日勤務の土日休み)だが、それ以外の職員は二四時間勤務・非番・二四時間勤務・非番・二四時間勤務・非番・公休二日、という八日サイクルを繰り返している。二四時間勤務の場合、仮眠する時間はあるが、そのうちの一時間は電話番で起きていなくてはならない。出動回数の多い救急隊は、仮眠できる時間は少なかった。

　非番の日に訓練や講習が入ることもあったが、基本的には身体を休めるためにある休日だ。子どもたちや仕事仲間と遊ぶ時間にもなった。訓練が午前で終わる日は、「火をおこしておくから肉買ってこーい」と非番の部下に声をかけ、近所の酒屋からビールサーバーを借り、午後から自宅の庭でバーベキューをすることもあった。ゴルフ、テニス、釣りをする日もあれば、子どもと一緒に散歩をする日もある、そんな日常を過ごしていた。

　二〇一一年三月一一日の朝。志賀は六時に起床し、父と母と妻と小学生の子ども二人と朝食をとった。小学校まで二～三キロの距離を歩く子どもたちと一緒に七時に家を出ると、富岡消防署に向かって出発した。山麓線《さんろくせん》（県道三五号）を使うと、自宅から車で三〇分の距離だった。二四時間勤務を終える職員が交代を待ちながら朝食をとっている頃だ。八時半からは、前日の出来事の申し送り、そしてその日の仕事を確認して事前準備をする。

　外は三月の冷たい曇り空。双葉郡内では、多くの学校で卒業式が執り行なわれる日でもあった。

1

大震災発生

3月11日

大震災発生直後の浪江消防署

一四時四六分

「また鳴ったな」

富岡消防署の署内で、志賀隆充はそう思った。緊急地震速報は数日前から何度か空振りを続けていたからだ。

しかし、そう思った途端、血の気が引くような揺れが襲った。今回は様子が違う。咄嗟にテーブルの下にもぐり、四つん這いになる。その体勢を維持できないほど、激しく揺さぶられる。

同署内の通信指令室では、志賀と同年輩の岡本博之《おかもとひろゆき》(38・富岡消防署警防第一係主査)が「おさまる、おさまる」と念じていた。念じながら、通信指令室近くにある台所まで壁を伝い、よろけながら火の元の確認に行った。

若手の工藤昌幸《くどうまさゆき》(23・富岡消防署救急第一係)は、緊急地震速報を聞いてすぐ、すべり棒に走り、揺れ始めで素早く下りると消防車にエンジンをかけ、車庫から出した。車庫がつぶれると出動できなくなる。車は、横に倒れそうなほど揺れていた。

テーブルの下で、志賀は数を数えていた。これまで、さまざまなところで防災の講話をしてきた。そこでは「地震の多くは一分以内」と伝えてきた。揺れ始めて四五秒くらいでおさまり、終わる、と思った瞬間、再びドン、と強く突き上げた。横目で通路に土煙が立つのを確認した。天井が崩れたのか。六〇秒をはるかに超え、数えるのはやめた。「うそだろう」。これが、そう思った最初の出来事だった。

三月一一日、一四時四六分。三陸沖を震源とするマグニチュード九・〇の巨大地震が東北地方を襲った。最大震度は七。揺れは三分近く続いた。

双葉消防本部は、広野町《ひろのまち》、楢葉町《ならはまち》、富岡町《とみおかまち》、川内村《かわうちむら》、大熊町《おおくままち》、双葉町《ふたばまち》、浪江町《なみえまち》、葛尾村《かつらおむら》の六町二村からなる双葉地方広域市町村圏組合の、組合事業の一つとして消防業務を行なっていた。震災当時、消防本部一三名、浪江消防署三五名、富岡消防署三五名、楢葉分署二〇名、川内出張所一一名、葛尾出張所一一名の合計一二五名の職員が勤務していた。

震度五弱以上の地震が発生すると、非番の職員も計画に基づき自動招集ということになっている。数名の職員が子どもの卒業式を終え、ほっと一息つき、あるいは買い物に出かけ、あるいは親戚の家へ報告に向かい、それぞれのお祝いの日を過ごしていた。非番で昼寝をしていた、友人と電話をしていたなど、自宅でのごく普通の休日を過ごしていた職員や、四月から進学する子どものために買い物をしていた職員もいた。また、偶然その日は消防の駅伝大会の前日だったために、東京都内にいた職員も数名いた。福島市にある消防学校で、救助講習を受けていた職員も数名いた。そういった職員も、署を目指して動き始めた。一時間後には非番だった七一名のうち五三名が参集し、当務者とあわせ一〇七名の職員で救助・救急にあたっている。

二四時間勤務を終え、朝九時に職場から帰宅し、遅い昼食をとっていた富樫正明《とがしまさあき》(40・浪江消防署救急係主査)は、三月八日からほとんど寝ていなかった。自宅が浪江消防署から一・五キロのところにあり、緊急地震速報が鳴るたびに、非番日にも警戒に出ていたからだ。その頃、頻繁に緊急地震速報が発令されていた。富樫は、宮城県沖地震が三〇年以内に九〇パーセント以上の確率で来るといわれていることを知っていた。

「最近続くよね。そのうち大きいのが来るよ」

警戒にあたりながら同僚と話していた。それが現実になってしまった。富樫もまた、他の非番の職員同様、すぐに活動服を着て自転車に飛び乗った。

生死すれすれの救助活動

「全員集まれ！」

館内放送が停電で使えなくなっていた富岡消防署で志賀は叫び、通信指令室に職員を集めた。その日の当務者は一四名。庁舎内の確認、ガス・ガソリン等危険物倉庫の確認、車両の点検、屋上からの被害状況の確認などを分担し、山間部に出動中だった隊に、土砂崩れなどに気をつけるよう無線を流した。富岡消防署の電話は地震直後からつながらなかったが、双葉郡内の消防署と消防車両間のやりとりができる消防無線はなんとか使えた。

この時、管内の被害調査として最初の隊がすぐに出動している。通常、一隊は三名で、隊長・機関員(運転手)・隊員からなる。岡本はその調査隊の機関員としてタンク車を運転していた。富岡町内の清水地区を巡回し、学校・住宅密集地の被害状況を確認しながら西に進んでいる時に大津波警報発令の無線が入った。津波の避難誘導をしなくてはならない。そのまま富岡町のもっとも南にあたる毛萱《けがや》地区に向かった。

沿岸部を南北に走る国道六号を南下しながら、隊長がマイクで「大津波警報発令！」と叫び続けた。より海へ近づき避難を呼びかけるため、左折し、JR常磐線《じょうばんせん》の線路の下をくぐって坂をのぼったところで、前方から津波が押し寄せてくるのが見えた。海から数百メートルのところだ。

「津波だ！　逃げろ!!」

一般車両二台を先に逃がすために、咄嗟に車両の頭を右折する道に入れ、その二台が逃げたあと、Uターンしてその二台を追いかけた。もしも数十秒遅ければ、常磐線のガード下で波にのまれていた。逆に、数分早ければ、毛萱地区から海沿いを北上して富岡駅の裏をまわる予定だったため、逃げ道も逃げ場もなく、津波に巻き込まれていた可能性があった。

国道六号まで退避し、車両誘導をしたあと、岡本たちは毛萱地区に戻った。同乗していた木下佳祐《きのしたけいすけ》(25・富岡消防署警防第一係)も、津波で壊滅した毛萱地区の惨状を目の当たりにした。高校生くらいの女の子が津波にのまれ、全身ずぶ濡れのまま、震え、嘔吐《おうと》していた。精神的なショックを受けているようだった。無事だった民家に待機してもらい、救急車に引き渡す。この時、富岡町に到達した津波の高さは最大で二一・一メートルにも達していた。

海沿いにある旅館「海遊館」では、「お母さん！　おじいちゃん！」と叫びながら家族を探している人もいた。木下たちは、周辺の住民に「第二波が来るから、避難してください」と伝えながら走りまわった。

非番だった植杉友威《うえすぎともえ》(30・富岡消防署川内出張所主査)は、地震の瞬間は家族と自宅にいたが、尋常ではない揺れに「死」を想起した。津波発生の可能性がすぐに頭をよぎり、妻に「心配だろうけど、浪江の実家には行くなよ。津波が来るから」と伝えおくと、富岡消防署へと向かった。通常なら一〇分で着く道のりだったが、地震で道路に段差ができており迂回《うかい》しながら向かったため、到着までに三〇分かかった。

富岡消防署に着くとすぐに、通信指令室の無線と電話のあるもっとも忙しい席に座ってしまった。救助要請はとどまることなく飛んでくる。無線を受けるよりも、人を助けに出たい。何度か「救助活動に出してください」と申し出たが、「一通り流れを頭に入れている人が必要だから残れ」と言われ、ひたすら情報収集と発信を繰り返した。

ラジオからの「宮城県に津波到達」という一報を耳にし、すぐに「津波が来る、海岸線から緊急避難」と無線で流した。出動隊の無事を一つ一つ確認したが、海側に向かった一隊だけ、返事がなかった。無線で「現場に行ってください」と最後に指示を出したのは、自分だった。

その頃、岡本たちが追いかけられた大津波に町がのみ込まれる様子を、北側から志賀が見ていた。消防計画に基づき富岡消防署内で指揮本部を整えると、富岡漁港方向に四人の職員とレスキュー車で出動していた。「おそらく津波が来ると思うから海沿いへ行くけれど、ただし、高台からな」。

富岡漁港をのぞむ子安橋《こやすばし》の手前に人だかりができていた。目線をその先に向け、絶句する。濁流が土煙を上げながらさまざまな物を押し流していった。車を降り、橋のほうへ駆け寄ると、向こうにパトカーと消防車が流れていくのが見えた。最初に出した部隊の車か。慌てて車に戻り、無線でその部隊を呼び続けた。何度か呼んだが、応答がない。「やられた」。そう思った。世話になった職員、大切な仲間が流されている。そばにいた職員も押し黙ったまま動けなくなった。

流された消防車が無人で、地元消防団が所有していたものであり、最初に出た岡本たちの部隊が無事だったことを知るのは、出動隊がいったん夕方に署に戻ってからだ。岡本たちが活動を続けていた場所は無線の不感地帯だったため、植杉や志賀からの無線の呼びかけに応答できなかった。津波に巻き込まれてしまったのではないか、という不安と緊張から解放され、志賀は、「なんで無線に応えなかった！」と怒鳴ったあと、無事でよかった、と抱き合った。

同じ頃、大熊町の沿岸に向かった新妻健治《にいつまけんじ》(36・富岡消防署楢葉分署救急係主査)は夫《おっ》沢《ざわ》海岸に車を停めていた人に「大津波警報が出ています」と声をかけ、避難をうながしつつ、「本当に津波は来るのかな?」と部下と話しながら堤防から海を見ていた。ふと目をやった夫沢川にかかる橋に、小さな波がかぶり始め、異変を感じてその場を離れた。津波の前触れのようだった。

「大津波警報が出ています!」

住民に繰り返し避難を呼びかけながら、橋の上から状況を確認しようと川を見ると、一瞬、遡上していた波が止まり、その後、川の底が見えるほど水が引いていった。それはものすごい速さだった。ハッとして海を見ると、遠くに白波が見えた。

「これはまずい。すごいのが来る」

住民に警戒を呼びかけていた部下を車へと呼び戻し、マイクで「津波が来ています! 逃げてください!」と何度も叫びながら避難を誘導し、高台へと向かった。

新妻は、一つ後悔していることがある。この夫沢海岸付近で、小さな子どもが津波で亡くなっている。「もしかしたらあの子か」と思い当たる幼子と祖父が家に入る姿を、新妻は見かけていた。あの時、避難してと、直接声をかけられていたら、と悔やむ。しかし、部下の命も預かっているなか、自分たちも避難しなくてはならなかった。死と隣り合わせだった。

ひっきりなしの出動要請

佐藤良樹《さとうよしき》(30・富岡消防署楢葉分署予防係主査)は、散歩中に屋根瓦が落ちてきて怪我をした患者の搬送のため、上司と三人で出動した。富岡町の現場に到着し、最寄りの富岡中央病院に搬送しようと連絡したが、「うちも停電で診《み》られるかわからない」と言われてしまう。他の搬送先を探している最中に近所の人から、「ガスが漏れているから来てください」と頼まれた。

「良樹、行って、元栓しめてきて!」

上司に言われ、佐藤が向かう途中で、「ガス、大丈夫だった!」と住民が戻ってきた。ほっとして救急車に乗ろうとした矢先に、今度は二軒先の住民から、

「中におばあちゃんが一人で残っているけど、余震が怖くて助けられない」

と声をかけられる。呉服店の奥に取り残されているらしい。佐藤はすきまから店内に入ると、高齢の女性を抱えて救出し、隣の人に預けた。

「今村病院に搬送先が決まったから、走ってきて!」

女性を救助している間に、乗ってきた救急車は怪我をした患者の搬送のため、いなくなってしまった。数百メートル離れた今村病院へと走った。信号が停電で消え、壁や塀が崩れている。人々は余震のなか、家の中にいられず、外に出ていた。

富岡漁港に向かっていた志賀たちは、できるところから救助を開始した。近くにいた住民から「おじいちゃんが流されている」と聞き、急いで駆けつけると、さまざまな瓦礫《がれき》の上に畳一枚が載り、その上に高齢の男性が正座をして流れ着いていた。

「じいちゃん、無事でよかった。『笑点』みたいだな」

と言いながら、その男性を近くにあった毛布にくるんで救助した。救助要請の無線はとどまることがなかった。次は富岡町内にある今村病院からのSOSだった。病院の駐車場が水没して車の中に取り残された人たちの救助に向かった。

一方新妻たちは、タンスが頭部に当たり心肺停止の要救助者のいる現場に向かったが、目的地まで二〇〇メートルのあたりに地割れにはまって動けなくなった一般車両があったため、たどり着くことができなかった。あとから来ることになっている救急車のためにも車を移動させなくてはならない。二〇〜三〇分かけて、はまっていた車を移動させた。道路は至るところに大きな亀裂や段差が生じ、崩れかけている、マンホールが飛び出るなどのため、通常の走行ができなかった。どんなに急いでいても、慎重な運転や迂回を強いられ、普段の数倍、十数倍の時間がかかった。

今村病院に怪我人を運んだ佐藤たちの救急車が署に戻ろうとしたところに、次の要請が入った。現場は大熊町だった。落下物による頭部出血と心肺停止。急いで現場に向かおうとしたが、国道六号は自宅に戻ろうとする人で渋滞し、「救急車が通ります！」とマイクで叫んでも、なかなか道が確保できない。

その最中に、「津波が川を遡上しているから、海側の道は走るな！」という無線が入る。現場対応中は無線が聞けないため、それほど大きな津波が来ていることを佐藤は知らなかった。これまで高さ一メートルほどの津波しか見たことがなかったうえ、川を遡上する津波は、佐藤のイメージとは大きく違っていた。

ようやく大熊町の現場へ到着した。通常、心肺停止などの重篤《じゅうとく》な患者の搬送には四名の職員で向かうが、緊急時で職員がフル稼働していたため、三名しかいない。心臓マッサージをひたすら一人で続ける状況だった。津波被害を受けた場所を迂回しながら双葉厚生病院へと搬送する。その後も、緊迫した現場を次々と走りまわり、搬送記録の伝票を書く時間すらなかった。

同じ頃、浪江消防署の職員も救助と救急搬送で署に戻ることもないまま、出ずっぱりの活動を続けていた。地震の直後に自転車で署へと向かった富樫正明は、浪江町の海抜ゼロメートル地域にあった老人ホームから、利用者である高齢者を高台へとピストン輸送していた。寝たきりの人を搬送しながら、途中、津波で怪我をした人も搬送する。搬送先には事前に連絡をするのが通例だが、電話はつながらない。双葉厚生病院に直接連れていくと、「いいからどんどん連れてきて」と医師が言った。緊急態勢が敷かれていた。この双葉厚生病院は、このあと、一日も経たずして避難指示が出されることになるが、病院は飽和状態になるまで患者を受け入れていた。

浪江消防署は、地震からしばらくの時間、一一九番通報の回線が生きていたため、電話がひっきりなしに鳴った。「ストーブをつけっぱなしで出てきたから、きっと家は火事になっている。見てきてほしい」という要請に、佐《さ》藤圭太《とうけいた》（37・消防本部総務課総務係主査）はポンプ車に乗り、清水司《しみずつかさ》（21・浪江消防署警防第一係）と現場に駆けつけた。到着してみると、火災は発生していなかった。しかし、まわりには一階がつぶれた家もあり、救助が必要に見えるところがいくつかあった。そこへと向かおうとした時、大津波警報が発令されたと無線が流れてきた。佐藤は津波の警戒のため、海沿いの請《うけ》戸《ど》地区に向かう。「ここまでは来ないだろう」と思いながら請戸大橋を越え、左折して海側の住宅街に入ろうとしたその時、家の屋根の上から土煙が上がっているのが見えた。

「津波だ！」

しかし、佐藤は引き返す反対車線が渋滞しているのを見ながら請戸大橋を越えていた。咄嗟に川沿いの細い道路を思い出し、部下の清水に、

「大声で避難するように言え！」

と命じ、アクセルを目いっぱい踏み込んだ。「もう終わりかもしれない」「あの渋滞の車列は津波にのまれてしまうかもしれない」と思いながら走り抜けた。清水は、堤防をはるかに越える白い波しぶきが請戸の町に押し寄せるのを目で捉え、「津波が迫っています！」「ただちに避難してください！」と必死に叫び続けた。

ちょうどその頃、非番のため自宅にいた荒浩幸《あらひろゆき》(46・浪江消防署救急係主査)は、同居する母親に高台の小学校へ避難するよう伝えたあと、すぐに浪江消防署へ駆けつけ、通信指令室で鳴り続ける電話に対応していた。

津波の第一波が到達したと一報があり、ふと不安になった。浪江消防署の横には、高い救助訓練塔が立っている。その屋上にのぼり、自宅のある沿岸部の方を確認する

と、キラキラと湖面のように光るのが見えた。

「まさか」

急いで出てきたため、携帯電話は自宅に置いてきてしまった。妻と下の息子は、妻の実家に遊びに行っており、自宅にはいない。母親には避難するように伝えた。娘二人もその小学校にいるから無事なはずだ。しかし、それを確認する術《すべ》はない。自宅は流されてしまったのではないか、という不安もよぎった。気になりながらも荒は通信指令室に戻り、繰り返される救助要請に対応し続けるしかなかった。

原子力災害「一〇条通報」「一五条通報」

一五時四二分。双葉消防本部は、「原子力災害対策特別措置法第一〇条に基づく特定事象が福島第一原子力発電所で発生している」と東京電力から通報を受ける。いわゆる「一〇条通報」で、原発で基準以上の放射線が検出されたということだ。地震発生から一時間も経っていなかった。そのファックスを読んだ加勢《かせ》信二《しんじ》(47・消防本部予防係長)は、「大変なことが起きている。避難になるのではないか」と思っていた。双葉消防本部からは、ただちに大熊町にあるオフサイトセンターに連絡員が派遣された。「オフサイトセンター」とは、福島第一原子力発電所(オンサイト)から四・九キロに位置する大熊町にある施設で、原子力災害時の拠点となる。

「一〇条通報」があると、各隊員の装備を、原子力災害に備えたものにしなくてはならない。富岡消防署では、木下佳祐が指示され、その準備を始めた。木下は消防士になってまだ一年目だった。言われた通り、原子力資器材の放射線防護服、ポケット線量計が人数分あることを確認した。窓、換気扇にビニールと養生テープで目張りも行なった。「一〇条通報」の意味もはっきりとはわからず、「ヤバいことなんですか？」と先輩に聞くと、「ヤバい」という返事が返ってきた。

非番から駆けつけ、富岡消防署の通信指令室にいた渡部友春《わたなべともはる》（34・富岡消防署警防第二係主査）は、一本の電話を取った。その通信室には、六つの電話が並んでいる。大熊町、富岡町、楢葉町、広野町、川内村、そして東京電力。鳴ったのは福島第二原発とのホットライン（非常用直通電話）だった。

電話は、「一五条通報」だった。一五条通報は原子炉をコントロールできていないことを意味する。時刻は一〇条通報からわずか一時間後の一六時四五分。

渡部は、仮に一五条事象が発生したとしても、一〇条通報から半日以上の間《ま》はあるだろうと思っていた。これまで受けてきた原子力災害の訓練や講習で示されたシミュレーションでは、そうなっていたからだ。それに、東京電力からも、学者からも「どうしてもうまくいかないという時に、一五条通報」と聞かされていた。こんなに早く原発が手に負えなくなっているのかと驚き、思わず、

「一五条ですか？」

と聞き直した。別の事象の一〇条通報の間違いではないかと疑ったのだ。しかし、一五条通報に間違いはなかった。福島第一原発が深刻な状態になっていることは明白だった。

夕方になると、非常用発電機の電気でテレビが見られるようになった。南相馬市の津波被災地の映像が流れ、海から約二キロのところにある介護老人保健施設「ヨッシーランド」が、津波で完全に流されたと報道されていた。通信指令室に詰めていた植杉は、それを見てショックを受けた。妻の父親がその施設にいて、自力で歩行ができない状態だった。義父は無事だろうか。浪江町の実家には行くな、と妻には伝えてあったが、父を心配して南相馬市のほうに行ってはいないだろうか。気が気でなかった。

津波にのまれた町で

いったん富岡消防署に戻った新妻健治は、一七時頃、「寝たきりのおじいちゃんと看病しているおばあちゃんを助けてほしい」と署に駆け込んできた妊娠中の女性の自

宅へ、渡部友春と向かった。別の現場に向かう救急車に途中まで乗せてもらい、現場の小浜《こばま》地区に到着すると、そこには津波が押し寄せていた。瓦礫を越えて家の中に入ると、偶然にも老夫婦のいるベッドの手前で津波が止まっていた。二人は自力で逃げることができず、そこにとどまっていた。

またいつ津波が来るかわからない。日も暮れかかり、寒くなってきていた。おばあさんには女性と一緒に自力で歩いてもらい、おじいさんをマットレスに乗せて移動させることにした。瓦礫を越え高台から田んぼのあぜ道を通って運ぶが、新妻も渡部も、だんだん力がなくなってくる。何度か休憩を繰り返していると、おじいさんが、「もう、ここに置いていってくれ」と言った。申し訳なさなのか、津波被害を目の当たりにした絶望からか、力なく言うおじいさんに、「大丈夫、頑張りましょう」と声をかけた。途中、三人ともとても寒そうにしていたため、新妻と渡部は、自分たちが着ていた防火衣を脱ぎ、おじいさんと妊娠中の女性に着せた。

このままでは搬送に時間がかかってしまう。近くの双葉地方広域圏組合の事務所で車が借りられるのではないかと思い打診すると、幸い職員が四人乗りのＲＶ車を貸してくれた。その車に三人を乗せ、渡部が運転し、新妻は「緊急時だからしょうがねーべ」とルーフにしがみついて病院へと搬送した。あたりは暗くなっていた。

楢葉町にも津波が襲来していた。地域の消防団員が巻き込まれ、海から一〇〇メートルほどの場所で消防車が横転しているのが見えた。しかし、津波は第何波かわからないほど押し寄せる。坂本広喜《さかもとひろき》(37・富岡消防署楢葉分署救急係主査)は、少し離れた安全な場所に二人の隊員に残ってもらい、「津波が来たら、大声で教えてくれ！」と伝え、救助に向かった。

この頃は、「各隊は、隊長責任で動け」、つまり現場判断ということになっていた。瓦礫をかきわけ、消防車を覗《のぞ》くと、運転手が残っていた。しかし、脈も呼吸もない。津波で亡くなってしまっていた。遺体を助け出したかったが、津波警報が出されたまままで、次の津波がいつ押し寄せるかわからず、救助に必要な資器材もない。すぐには助けられない状況にあった。やむなく、他の消防団に状況を話して救出を任せると、次の現場へと向かった。

富岡駅周辺も津波で無残な光景が広がっていた。志賀隆充は、四人の職員のうち一人を津波が見える地点に配置し、「津波が見えたら笛を吹け」と指示した。消防士一年目の秋元康志《あきもとやすし》(25・富岡消防署警防第一係)もこの捜索に加わった。

大津波警報はまだ解除されていなかった。瓦礫は数メートルの高さになるところもあった。駅から直線距離で四〇〇メートルほど手前の宮嶋歯科医院までしか車では行けず、そこからは徒歩で捜索に入った。

「声をあげてください！」

「音を鳴らしてください！」

と声をかけ、「みんな、静まれ」とサイレントタイムを作る。慎重に歩を進めた。「助かる命をなんとか助けたい」という思いがあった。志賀は、これまでの消防生活も常に「自分の家族を助けに行くのと同じ」という思いで活動してきたのだ。

津波を知らせる笛が何度も鳴る。そのたびに三人はいったん捜索を中断し、高い場所へと逃げた。

富岡駅の前までたどり着き、「誰かいますか！」と呼びかけると、風か地響きか、音が聞こえた。唸《うな》り声？　人の声っぽいな、と思い、胸の高さほどあるプラットホームにのぼると、目の前の瓦礫の中に、灰色の人形《ひとがた》が見えた。腕に電線がからまっている。「うぅ」という声の主は、その人だった。

志賀は電線を外し、もう一人の職員とホームへ持ち上げようとしたその時だった。「ピーッ」と、笛が鳴った。津波が来る。咄嗟に、二人はその灰色の身体の首根っこをつかみ、ホームの渡り廊下を目指して全力で走り、階段を駆け上がった。その直後、渡り廊下の下を、どーっという音とともに、津波が通り過ぎていった。「うそだろう」。志賀は、この時もそう思った。すべてが悪夢のような時間だった。

「おんちゃん、泥飲んで、苦しいね」

と声をかけながら泥を落とすと、胸から警察バッジと手帳が出てきた。瓦礫の中から大きな板を見つけ、それを担架代わりにした。無線で車が入れる宮嶋歯科医院前まで救急車を要請し、瓦礫の山の中を慎重に運んだ。

救助活動の途中、志賀は、原子力災害特別措置法の「一〇条通報」を無線で確認していた。一〇条の時は部下に「原発は大丈夫だ、すぐにおさまるだろう」と声をかけていた。しかし、ほとんど間を空けずに「一五条通報」と聞いたときは、「何かの間違いだ」と思った。一〇条から一五条までが早すぎるうえ、一五条通報は、内閣総理大臣がただちに「原子力緊急事態宣言」を公示する非常事態を意味する。

思わず志賀は、

「一五条の通報があったが、一〇条の間違いじゃないですか」

と無線で聞き直した。しかし、上司からは、

「一五条事象発生！」

という怒鳴り声が返ってきた。

救出した警察官の手帳と拳銃を富岡警察署に届け富岡消防署に戻ると、シャッターが閉まり、一カ所からしか署内に入れなくなっていた。いつものようにシャッターを開けようとすると、

「開けないで！　一五条事象ですよ！」

と言われた。室内に放射能汚染を持ち込まず、クリーンルームにするためだった。

日は落ち、あたりは暗くなっていた。全職員に放射性粉じんの付着を防ぐ防護服と、個人が受けた被ばく量を測定するポケット線量計が配られた。

夜まで続いた救助活動

福島市にある消防学校で初任教育を受けていた新人の石井《いしい》俊久《としひさ》(23・浪江消防署予防係)は、大地震発生後、同僚一人と救助科に入校していた双葉郡の先輩四人とともに、二台の車で双葉郡を目指していた。一七時には出発したが、市内は大渋滞で、街中を抜けるまでに一時間半もかかってしまった。

国道一一四号を浪江町方面に走らせると、浪江町に入ってすぐの津島地区あたりから、街灯がまったくついていなかった。異様な雰囲気に、車を止め、先輩が消防署に

連絡したが、電話はつながらなかった。浪江消防署に到着したのは二一時頃だったが、職員はほとんどが請戸地区の救助活動に出払っていて、消防車両は一台も残っていなかった。

通信指令室には上層部の職員が詰めていた。石井は消防士一年目で、そのうちの半年間は消防学校に通っていたため、右も左もわからない状態のまま、指示されたことをこなした。情報を共有するための模造紙がないと言われて準備をし、汲んできた水を使って米を炊き、味噌、塩、ごまなど、署内にあったものでおにぎりを作った。

怪我人や病人を搬送する救急隊は救急車に乗り続け、途切れることのない要請に対応していた。双葉郡内にある七台の救急車は、ほとんど署に戻ることはなかった。

草野《くさの》重信《しげのぶ》(50・浪江消防署救急係主任主査)は、救急搬送の途中で目にした請戸地区の津波の光景に言葉を失った。津波は川を遡上し、国道六号の近くまで来ていた。新しいままの家が流され、小さな子どものおもちゃや本も目についた。

草野は、請戸地区の安波祭《あんばまつり》に参加したことがある。豊漁と海上の安全を祈るお祭りで、毎年二月に行なわれていた。三〇〇年続く地域の伝統行事で、鮮やかな衣装を身につけた地元の人々が「田植え踊り」などを披露する。請戸の沿岸には漁師の立派な家がたくさんあった。沖から帰ってきた漁師たちは昼寝をしていた時間だっただろう。

その請戸地区の津波救助は夜遅くまで続いていた。畠山清一《はたけやませいいち》(22・浪江消防署警防第一係)は同僚、町役場職員、地元消防団とともに瓦礫やぬかるみの中を救助にあたった。冷たい浜風、川の流れる音。それにまぎれ、人の呻《うめ》き声や「助けて」という声が聞こえる。歩けばあちこちに人がいて泥まみれになっていた。何人も救助し、体力は限界に近づいていた。

「なんでこうなったんだ、どうしてこうなったんだ」とつぶやくばかりで受け答えができないほど混乱した高齢の女性が、道路で泥まみれになり、うずくまっていた。栗原一旗《くりはらかずき》(31・浪江消防署庶務係)は、その女性を救急隊に引き渡し、請戸地区の救助活動に入った。田んぼは湖のようになり、胸まで泥水に浸かって移動するしかない。その日の午前中、風邪を引いて寝込んでいたことを栗原はすっかり忘れてしまっていた。

最初に救助したのは、意識は混濁していたが、呼吸のある男性だった。二人目に見つけたのは、流された船につかまっていた男性。上衣は着ていたが、ズボンは水圧で流されてしまっていた。男性は「気がついたらここに流れていた」と話していた。三人目は、「助けてください」という女性の声のもとへと向かった。真っ暗な中、その声と波の音が響いていた。陸前浜街道(海沿いの道)の近くの倒壊家屋の二階部分に女性が二人、救助を待っていたが、倒木や数メートルの高さの瓦礫があり、それらを越えていくしかなかった。余震も続き、津波警報も解除されていない中だったが、隊員五名で向かい、救助した。

二一時頃、捜索活動はいったん終了し、みな泥だらけで署に戻った。「明日、早朝からまた助けに来なければ」と畠山は思っていた。帰署し、口にしたおにぎりがおいしかったことを栗原は覚えている。

余震と混乱のなか迎えた夜

津波被害を受けた住民たちは町役場や小学校などの体育館へと避難していた。避難所からも救急要請が来る。浪江消防署の富樫正明は、在宅で酸素吸入をしながら生活している患者の搬送に向かった。体育館に到着するとあちらこちらから声がかかる。「血圧が高くなっているから私も搬送してほしい」「こっちも診てくれ」。高齢者を中心に血圧が二〇〇を超えている人も何人かいた。脈も速い。しかし、病院は怪我人であふれ、救急車も足りていない。津波被害を受けた場所での救助活動には、一刻の猶予もない。

富樫は言った。

「みなさん、本当に申し訳ないけれど、請戸の津波で要救助者がたくさん待っています。私たちは、今は、そちらに行かなくてはならない。いいでしょうか」

体育館はしんとなる。しばらくして「よろしくお願いします」「お願いします」と声があがった。

富樫は、請戸地区の家屋の屋根の上で辛うじて難を逃れていた女性と子どもを救助した。全身打撲に低体温状態。祖母と三人で避難していたが、祖母の薬を取りに戻ったところを津波が襲った。第二波のほうが大きく、請戸の天神口橋まで押し流されていた。女性と子どもは助かったが、祖母は車に乗ったまま流されてしまった。

「中にもう一人いるんです」

女性がそう伝えた。笹田丞《ささだたすく》(33・浪江消防署庶務係主査)の隊四人が引き継いで救助にあたり、富樫の隊は病院へ向かう。流された家屋の奥に、男性はいた。その男性は請戸の漁師で、津波にもまれ、靴もなくしていた。

「大丈夫だ!　こんなの!　歩ける!」

救助されると、その男性は言った。しかし、瓦礫で足場は悪く、あたりは薄暗くなっている。笹田と同行した若い職員とで代わる代わるおんぶして、待機している車へと向かった。請戸地区は元の町の姿ではなくなっていた。すべてが壊され、海水と瓦礫で覆われていた。

「こんなだったら、俺も死んだほうがよかった」

背中で男性がぽつりと言った。

「命だけでも助かってくれて、よかったんです」

笹田は、そう言いながら瓦礫の中を歩いた。

二二時頃には、渡邉敏行《わたなべとしゆき》(51・消防本部総務課財政係長)は双葉町と浪江町の間にある大平山《おおひらやま》の稲荷神社に、住民が集団で避難していると聞き、二隊八名で救助に向かう。停電であたりは明かりが一つもなく、外気は一段と冷え込んでいた。ヘッドライトだけが頼りだ。大津波警報はいまだ発令中で、余震も続いていた。その暗闇の中を、海岸側に出なくてはならない。決死の覚悟だった。

現場までは車が入れず、国道六号に車を置き、八〇〇メートルほどぬかるみや瓦礫を越えながら歩いた。神社にたどり着くと、そこで三〇〜四〇人の住民が焚き火で暖をとっていた。ずぶ濡れで震えている人や病院に連れていかなくてはならない人もいる。しかし、国道六号で待機している車まではかなりの距離がある。歩ける人には歩いてもらい、足の悪い高齢者はストレッチャーに乗せ、おんぶをしたり、抱きかかえたり、手をつないだりしながら搬送した。

　感覚がなくなった冷たい手で傷病者を乗せた重いストレッチャーを運ぶ。井出泰平《いでたいへい》(25・浪江消防署予防係兼警防第一係)は、長靴が埋まるぬかるみの中、瓦礫を乗り越え、救急車へ向かった。数百メートルは果てしない道のりだった。濡れた手袋は冷たいが、外すとストレッチャーの持ち手が手に食い込んで痛くなる。耐え切れず、途中何度か手を離しそうになったが、歯を食いしばってなんとか持ちこたえた。

渡部真宏《わたなべまさひろ》(34・浪江消防署葛尾出張所主査)は、老人と飼い犬を救助した。やはり瓦礫で足場が悪く、ストレッチャーに乗せて運んだ。町にあった家がすべて流されてしまったからか、波の音が近く、大きく聞こえ、津波の第二波、第三波が来るのではないか、と怖かった。

　津波が来る前に、沖に船を出そうとして失敗した、と話す漁師もいた。全身泥だらけになっていた漁師の服を脱がせ、阿部真楠《あべまくす》(29・浪江消防署庶務係主査)は双葉厚生病院へと向かった。救急車を二〜三台停めておいて、連れていける人が三名になると、一台がすぐに病院へ出発する、という緊急対応だった。

　こうした救助活動は、夜中まで続いた。なかには、「俺はまだ行かない、明るくなってから行く」と津波を恐れて救助を拒み、残る人もいた。浪江署に戻った時には、翌一二日の午前二時をまわっていた。ほとんどの救急隊はこの時点でも、まだ出動したままで帰ってきていなかった。司令主幹である渡邉敏行は、出動させた救急隊職員を思いながら、通信指令室の椅子で朝を待った。

牛渡《うしわた》三四《さんし》郎《ろう》（28・浪江消防署警防第一係）は、この大平山で救助活動をしたあと、浪江小学校などの避難所をまわり、帰署した。夜半には発電機の軽油がなくなり、屋上の倉庫に入れに行った。余震は一晩中続き、そのたびに職員と外に飛び出していたが、あまりに頻繁で、「またか」「またかよ」と、思わず苦笑いしてしまうほどだった。一一日は、本震も含めると震度四以上の余震が五四回、震度一以上は四一九回にも及ぶ（気象庁地震火山部／平成二八年三月二三日作成）。当然、仮眠どころではなかった。

すでにこの頃には、東京電力福島第一原子力発電所の一号機の燃料棒が、蒸発による水位低下で全露出し、炉心溶融が始まって数時間が経過している。ひたひたと音もにおいもなく原発事故が迫ってきていた。

緊援隊、到着せず

発災以来ずっと、消防隊員が何より待ち望んでいたのは、「緊援隊」である。緊援隊（緊急消防援助隊）とは、被災地の消防力だけでは対応が困難な大規模・特殊な災害の発生時に、全国の都道府県から消防職員が集まり消防応援を行なうものだ。双葉消防本部の職員は、地震発生から飲まず食わずで総力を挙げて救助・救急活動を続けていた。二四時間勤務明けの職員は、前日から十分な休息もとれていない。

「緊援隊が来るまでは、なんとか我々だけで持ちこたえよう」「緊援隊が来れば、もう少し現場はまわる」と、職員たちは気力を奮い立たせていた。その緊援隊は翌一二日午前四時には到着すると聞かされていた。管内活動の配置などを考え、金澤文男《かなざわふみお》（46・富岡消防署楢葉分署救急係長）は夜通し資料を作成していた。

加勢信二もまた、緊援隊の到着する際のルート確認や、野営するグラウンドなどの受援準備に追われ、一睡もしなかった。福島県隊が群馬県隊と田村市で合流し、早朝四時には国道二八八号の大熊町山神《やまがみ》地内に到着する。富岡消防署への緊援隊は富岡総合グラウンドに、浪江消防署への緊援隊は高瀬グラウンドに野営することになった。

原子力災害時における双葉消防本部の役割は、住民避難誘導と避難広報だった。富岡消防署では二〇時五〇分、「第一原発から半径二キロ圏内に避難指示（福島県独自の指示）」と聞き、寝たきりの高齢者のいる家をチェックし、地図との照合作業を行なった。しかし、約三〇分後の二一時二三分には「半径三キロ圏内に避難指示（国からの指示)」の変更となったため、さらに広範な地図が必要となり、木下佳祐は、薄暗い中、睡魔と戦いながら、非常用発電機で起こした電源のため動きの悪いパソコンとプリンターを使って地図を印刷していた。

志賀隆充は、

「高齢者の避難誘導よりも、救助活動をしましょうよ。『七二時間』までにまだ時間がある！」

と上司につかみかかった。災害発生から「七二時間以内」が生存率の分かれ目と言われており、その間に救助できれば助かる可能性が高い。

しかし、上司は涙をにじませながら、

「今、優先すべきはこっちだ」

と言った。ハッとして、つかんだ手を引いた。信頼する人の苦渋の決断には従うしかない。職員たちは、それぞれが割り振られた活動に向かった。

まずは、住民への避難広報が始まった。松本和英《まつもとかずひで》(30・富岡消防署川内出張所主査)は、避難指示が出た第二原発から一〇キロの富岡町をまわり、「避難指示が出ています！」と、マイクを使った広報を行なうと同時に、民家もアパートも、一軒一軒声かけをした。

また、避難指示が出た第一原発から半径三キロ圏内に住む高齢者など、避難が困難な住民に対する避難支援も開始した。佐藤良樹は、二〇時頃に原発のすぐ近くにある町営老人ホーム「サンライト大熊」から避難する高齢者の搬送応援に五人で向かった。ストレッチャーで「安静搬送」する必要のない高齢者を抱っこやおんぶでバスに乗せ、五キロほど離れた保健センターに搬送し、再びバスから抱っことおんぶで移動する。佐藤が運んだ高齢者は一〇名以上にのぼった。地震からそれまでの絶え間ない救助活動の疲れも重なり、かなりの重労働だった。署に戻ると零時《れい》をまわっていた。

その保健センターで佐藤とともに避難支援を行なった新妻は、帰り道に大熊町の自宅に立ち寄ってもらい、妻、子ども二人、祖母、母の無事を確認した。余震が続き、家族は家の中ではなく、庭のビニールハウスの内部に石油ストーブを持ち込み、暗闇の中で過ごしていた。このころ新妻は、地震と津波の対応に追われ、原発が危ないということはまったく頭になかった。母も原発で働いていたし、新妻も、原子力センターのイベントの見学に行ったりもしていた。原発は冷却されているのだろう、と思っていた。

その頃、全国から緊援隊が集まってきていた。群馬県隊一〇〇名は富岡消防署、福島県隊八隊は浪江消防署へと配置が決まった。そのほか、滋賀県隊、埼玉県隊、静岡県隊、岐阜県隊など、数百人規模で続々と参集し、未明には田村市（船引三春《ふねひきみはる》インター）で合流していた。あと数時間で応援が受けられるはずだった。

富岡消防署の工藤昌幸は、ひと月ほど前の酒の席で上司と交わした会話を覚えている。

「原子力災害が起きた時に、私たちだけで何千、何万人も避難させるなんて、できないですよね。放射性物質による汚染があっても、外から助けに来てくれるんですかね……」と。

「協定を結んでいるんだから、大丈夫だよ」とその上司は言った。

真夜中に、志賀隆充は、「船引三春インターに緊援隊を迎えに行って説明してこい」と上司に言われ、配置などの説明資料を持って車で出かけた。しかし、一〇〇メートルも行かないうちに「戻ってこい」と無線が入った。「緊援隊は、船引でいったん休憩するから、一時間くらいしたら出てくれないか、とのことだ」と説明を受ける。

一時間後、再び迎えに行こうとしたところ、また一〇〇メートルも行かないうちに「戻ってこい」と指示が出た。「夜間はあれだから、仮眠して、五時から活動するようだ」と言われた。

明け方四時頃、最終的には「やっぱり双葉郡内には緊援隊は来られないことになった」と上司から告げられた。福島第一原発から一〇キロ圏内に屋内退避指示が出ていたため、区域内での活動ができないというのだ。

「うそだろう。間違った情報じゃないのか」

志賀は、言葉を失った。地震からもう何度目になるかわからない、「うそだろう」。どう考えても、双葉消防本部一二五人の消防力を超えた災害が発生している。その時のための緊援隊ではなかったのか。

「見棄てられてしまったのか――」。絶望と孤独が職員たちの心を襲った。のちに、緊援隊も助けに入りたくてもどかしかったのだと知るが、この時には誰ひとり、その思いを聞くことはできない。

地震発生以降の絶え間ない救急・救助活動に、どの職員もすでに疲弊し切っていた。

2

暴走する原発

3月12日

放射能汚染のスクリーニング(川内出張所)

政府と東電本店では

福島第一原発では、一号機の原子炉の異常がすすみ、設計段階で想定されている最高数値を超える圧力が格納容器で確認されていた。圧力がさらに高まり、格納容器が耐えられなくなった場合、最悪の事態、つまり容器の破損、放射性物質を含む気体の拡散が想定されていた。

一二日未明の東京電力本店(東京都千代田区)での会見では、「ベント」について質問が飛び交っていた。ベントとは、格納容器の圧力が高まり壊れるのを防ぐために、外部に放射性物質を含む気体を意図的に放出することだ。「地元自治体、地元住民には早く伝わるような措置をしているのか」という記者の質問も飛ぶ。

午前三時には、経済産業省で、海江田《かいえだ》万里《ばんり》経産相と東京電力の小森明生《こもりあきお》常務が記者会見し、二号機からベントを行なうと発表していた。しかし、会見中に情報が入り、一号機からベントを行なうと伝えている。この際にも「地域への告知はもうされているのか?」という記者の問いに対し、小森常務は、「ええ、並行してその段取りで今、動いていますので、その状況も確認します」と答えていた。

東京から双葉郡を目指す職員たち

発災時に東京都内にいた双葉消防本部の職員たちは、続々と双葉郡を目指し、出発していた。

三月一一日、家族と東京へと遊びに出かける途中だった関貫一郎《せきかんいちろう》(29・富岡消防署救急第二係主査)は、茨城県内の高速道路で被災した。予定を変更し、千葉にある妻の実家に妻と子どもを預け、関は双葉郡内に戻って消防活動をするつもりだった。しかし、高速道路を降ろされ、下道の大渋滞に巻き込まれ、妻の実家にたどり着いたのは翌一二日の朝六時だった。

関は、渋滞の間、車のラジオやワンセグで情報収集をしていたが、一一日一五時四二分に原子力災害対策特別措置法「一〇条通報」が発令され、その約一時間後に「一五条通報」が発令された時、思わず「はやっ!」と声が出た。訓練で習った通りに現実はすすんでいない。

妻の実家に着き、ほっとしたのもつかの間、七時には、東京都三鷹市にある消防大学校にいた遠藤朗生《えんどうあきお》(44・浪江消防署警防第二係主査)と落ち合い、双葉郡内を目指して北上を始めた。遠藤は、四月から福島県消防学校で教官になる予定だった。その準備のため、東京を訪れていた。

遠藤と関は、千葉県のコンビニで食料を買い、

「署内の目張りとか、マスクとか、しているのかな」

「我々は普通に入れるんですかね」

と話しながら車を走らせた。南下する上り車線は渋滞していたが、原発の方向へと北上する車は少なかった。


中島徹《なかじまとおる》(28・富岡消防署庶務係兼予防係主査)は、三月一一日の全国消防駅伝大会のため、若手の渡邉克幸、大和田洋陽《おおわだひろあき》(27・富岡消防署警防第二係)ら三人を乗せて首都高速道路を走行している時に大地震に見舞われた。前方の車は飛び跳ね、街灯は大きくしなっていた。危険物のマークをつけた車両が今にも倒れそうなほど揺さぶられていた。

やっとの思いで首都高を降り、双葉郡に戻ろうとしたものの、都内は交通機関が麻痺し、帰宅難民であふれ、道路は渋滞で身動きがとれない。沿岸部には大津波警報が発令されたままだった。やむを得ず、その日はホテルに泊まり、翌朝、双葉郡に向かうことにした。

ホテルでは、ロビーに設置された大型テレビに人々が集まっていた。沿岸部の津波被害を四人で食い入るように見た。中島は、テロップで福島第一原子力発電所の「一〇条通報」を知り、「本当なのか……」と、背筋が凍った。

携帯電話はつながらなかったが、公衆電話で中島は家族と職場に連絡がとれた。幼い子どもたちと妻の無事が確認できたことで安堵《あんど》した。

その夜、四人で食事をとった。大和田は、「最後の晩餐」のような気がしていた。この先、休む暇もなく活動することは予想がつく。それに備えて休み、翌朝六時に、四人は双葉郡に向けて出発した。

拡大する避難指示区域

双葉郡では、救急隊が、夜通し傷病者の病院搬送を繰り返していた。

明け方四時二〇分、福島第一原発免震重要棟で急病患者が発生し、救急搬送の要請が来た。患者は東京電力の社員で、「いびき」をかいて起きない、というものだった。脳疾患の疑いがあり、横山典生《よこやまのりお》(38・富岡消防署救急係主査)と工藤昌幸たちは急いで東京電力福島第一原発へ向かった。

一五条通報から、原発がどうなっているのか、誰にもわからないままだった。構内に入ると、外を歩く人は誰もいない。免震重要棟に入ろうとすると、風除室《ふうじょしつ》の前で、放射性物質が付着していないかのスクリーニング検査をされた。自動ドアは開かず、手でこじあけて中に入ると「こっちです」と案内された。

廊下ですれ違う職員は、みな憔悴《しょうすい》していた。横山は、外国人が英語でパニックになっているのを見かけた。何を訴えていたのかは聞き取れなかったが、「こういう時、外国の人は大変だよな……」と気の毒に思った。工藤は、傷病者のもとに足早に移動しながら、「なんで、スクリーニングしているんだろう。なんで、こんなに厳重なのだろう。なんで、外に人がいないのだろう」と不思議に思った。

患者の症状から、急いで搬送する必要がありそうだった。災害拠点病院として態勢を整えていた大熊町の県立大野病院へと向かった。

東京で行なわれていた会見では、一号機の格納容器の圧力が高くなっていること、それに対して「ベントを行なう予定である」ことが伝えられている。そして、「地元自治体・住民への広報」についても「すすめている」と回答されていた。しかし、ベントの準備が行なわれていること、すぐにでも実施される可能性があることを、地元自治体を含め、消防も住民も、誰も知らなかった。そもそも「ベント」とは何かを知る人もほとんどいなかった。

午前五時四四分、政府による福島第一原発の避難指示区域がそれまでの半径三キロ圏内から一〇キロ圏内に広がった。浪江消防署では、海沿いの請戸地区に津波で取り残された人の捜索を再開するため、準備していた矢先のことだった。

半径一〇キロ圏内となると、浪江消防署自体も避難区域になる。署内にいた職員全員がポケット線量計と防護装備を身につけた。救急隊はこの時点でも怪我人の搬送を絶え間なく続けていた。

早朝、避難所となっていた浪江町の大堀小学校の体育館へ行っていた畠山清一が消防署に戻ると、在署していた職員が、みな白いタイベック(防護服)を着ていた。それを見て「何かの宗教か」と思ったほど驚いた。

「原発、そんなにヤバいのか?」

一マイクロシーベルトの積算被ばくで音が鳴る設定のポケット線量計を持たされ、しばらくして「ピッ」と音が鳴り、ハッとした。消防士になって三年目。これまでの訓練では一度も聞いたことのなかった音だ。初めて放射線の存在を確認し、「怖い」という感情がわいた。

菅直人《かんなおと》総理大臣（当時）が陸上自衛隊の要人輸送ヘリコプターで福島第一原発の視察に突然訪れたのは、この日の早朝である。午前三時に東京の記者会見で発表があったベントは、夜が明けても実施されていなかった。菅総理大臣は「なぜベントができないのか」と問いただすために現場まで来ていた。

同じ頃、午前七時四五分には福島第二原子力発電所から半径三キロ圏内にも避難指示、一〇キロ圏内には屋内退避指示が出る。六時から九時までには双葉町、大熊町、富岡町、楢葉町がそれぞれ独自に全町民の避難を決定し、浪江町は八時に一〇キロ圏内、午前一一時には二〇キロ圏内にも避難指示を出した。政府から直接避難指示を受けられたのは大熊町と双葉町のみで、それも、この日の一八時二五分である。富岡町、浪江町、楢葉町は政府からの連絡は受信できず、報道等により独自に判断している。住民に対しては、町から行政区への連絡や、防災無線、警察・消防等の広報で避難を呼びかけ、およそ六万四〇〇〇人の避難が始まった。

原発「オフサイトセンター」へ

空が明るくなる頃、浪江消防署にいた宮林《みやばやし》晋《すすむ》（37・消防本部総務課財政係主査）は、上司から「オフサイトセンターに出向してくれ」と言われた。

オフサイトセンターには現地対策本部が設置され、国・県・市町村、警察、消防、自衛隊が集合し、連携しながら応急対策を講じていく。前日一五時四二分に原子力災害対策特別措置法に基づく「一〇条通報」が出てから職員一名が出向していたが、宮林にも応援要員として向かってほしいとのことだった。

オフサイトセンターへと出発する頃、ちょうど宮林の妻と子どもが浪江消防署を訪れた。これから避難する場所を告げに来たのだ。妻は、防護服姿の宮林に「なんでみんな、そんな格好をしているの？」と、不思議そうに聞いた。住民の多くは、「ベント」どころか、何が起きているのかさえ、知ることができなかった。

オフサイトセンターに着くと、東電関係者、福島県、自衛隊、警察、原子力安全保安班などの職員はいたが、集まるはずの町村職員は大熊町以外誰もいなかった。どうなっているのだろう、と宮林は思った。これまでの年に一度の原子力防災訓練では、ここで住民避難の情報を取ることになっていた。

宮林は訓練通り、資器材の設置とケーブルの接続を行なった。しかし、その無線も電話もファックスも使えず、携帯電話も試したが、つながらない。オフサイトセンター内を歩きまわり、各関係機関に状況を聞いては、それらをメモしたが、送る手段がない。緊急時の情報伝達という本来の機能をまともに果たせず、お手上げ状態だった。

ふさがれる行く手

一一時五五分。とうとう浪江消防署の電話回線も不通となった。関係機関からの情報収集手段は、消防無線か、直接出向くしかなくなった。原発の状況も、ホットラインが通じないためわからない。

仲間のタイベック姿に驚いた浪江消防署の畠山清一は、自らもタイベックを着て半径一〇キロ圏内から逃げ遅れた住民がいないかを確認するため、昼すぎに双葉中学校の体育館へと向かう。そこにいた住民はさらに遠くへと避難し、誰もいなかった。

ほっとした矢先、突如、一時間に一回程度の「ピッ」だったポケット線量計が、一〜三秒に一回、今までとは違うスピードで鳴り始めた。明らかに原発で何かが起き、ここまで放射線が飛んできていることを知らせている。

「まだ死にたくない……」

畠山は率直にそう思った。景色は何も変わらないのに、音だけが、身の危険を知らせていた。

原発事故から一年半が経った頃に明らかになった双葉町上羽《かみは》鳥《とり》(第一原発から北西に五・六キロ)にあるモニタリングポストの記録によれば、三月一二日の朝九時頃から放射線量は上昇を始め、一号機爆発の約一時間前の一四時四〇分には、最高値の毎時四・六ミリシーベルト(事故前の一五万三〇〇〇倍)を観測している。一般の公衆被ばく線量限度である年間一ミリシーベルトを一五分で超えてしまう数値だ。そのモニタリングポストがある場所から、畠山がいた双葉中学校は二キロも離れていない。そして、時刻もあまり違わない。

一号機は三月一二日朝にはメルトダウンしていた。そして、原発構内では、「決死隊」が必死になって一号機の「ベント」を試みていた頃でもある。

同じ頃、佐藤圭太は、原発から一〇キロあたりにある浪江町苅野《かりの》小学校にいた。午前一一時に浪江町独自に半径二〇キロ圏内にも避難指示が出されたため、そこに避難をしていた住民に、「津島地区(第一原発から約三〇キロ)まで避難してください」と呼びかけていた。しかし、「一一四号線がこんなに渋滞していて動けないのに、どうやって行けっていうんだ」と声があがる。確かに津島地区に向かう国道一一四号は、避難する車でまったく動いていなかった。浪江町から逃げようとすれば、北へ向かう道路は津波被害、南には近づいてはいけない原発があり、選択肢はこの道しかなかったのだ。佐藤は住民に、「渋滞の様子を見ながら、なるべく早く移動してくださいね」

と返事をした。

重要免震棟内の異様

一二日の昼頃、原発から一〇キロ圏内にある浪江町の介護老人保健施設「貴布禰《きふね》」から、一〇キロ圏外にある特別養護老人ホーム「オンフール双葉」に、避難し遅れた高齢者を搬送している途中で、木村匡志《きむらまさし》(31・浪江消防署救急第二係主査)は、福島第一原発の免震重要棟にいる心疾患患者の搬送要請を受ける。

木村は、松林俊樹《まつばやしとしき》(25・浪江消防署葛尾出張所)ともう一人の職員とともに原発へと向かった。原発へと差しかかったところで、逆方向に向かうバスがどんどん出ていくのが見えた。

免震重要棟の入口でスクリーニングを受け、中に入ると、関連企業の人がうなだれて体育座りをしていた。化学防護服、宇宙服のような服を着ている人もいた。階段の一段一段には、ぼーっとした、疲れ切った表情で人々が座り、重苦しい空気が流れていた。木村は、「なんだ、ここは……」と驚いた。松林はあとになって、「あの人たちは、あの時、『もうこれはヤバい』とわかっていたのだろう」と思い返している。木村は、この時のポケット線量計の記録を覚えている。三〇分で一〇〇マイクロシーベルト被ばくした。つまり、三〇分の間に、「ピッ」と一〇〇回鳴ったのだ。原発はまだ爆発していない。

傷病者は、胸が苦しいと訴えつつ、周囲にいる人に「すいません、すいません」と謝っていた。木村は、「何かミスでもしてしまった人なのか？」と不思議に思った。そうではなく、原発に残ることが決まった極度のストレス状態により、過換気症候群という呼吸ができない症状に陥り、現場から離れることを同僚に謝っていたのだ。双葉厚生病院に搬送しようとしたが、受け入れ不可能な状態になっていたため、川内村の村立診療所「ゆふね」に搬送した。救急車の中で、その男性は泣いていた。免震重要棟での緊張が急にゆるんだ様子だった。

震災翌日の昼になっても、まだ多くの職員は家族との連絡がとれていなかった。双葉消防本部の職員は、ほとんどが管内の町村に住んでいる。当然、家族も避難指示を受けているはずだった。地震発生時、非番だった職員の中には家族に声をかけてから出動できた人もいる。また、携帯電話で連絡がついた職員も数人程度はいるが、当直だった職員の多くは、頻繁な救急・救助活動に奔走していたうえ、携帯電話もメールも不通で家族との連絡手段はなかった。

小松裕之《こまつひろゆき》（41・富岡消防署庶務係主査）は、山麓線の対向車線を逆走し、怪我人を救急搬送していた。避難方向の道は渋滞しているが、原発に向かう車線には当然車の姿はない。

その時、渋滞の列の中に、自分の父親の車を見つける。走行しながら一瞬で車中を確認すると、妻と子どもが見えた。サイレンを鳴らしながら走行しているため、当然声をかけることはできないが、小松はほっとし、父の車を抜き去った。

一号機爆発とキラキラ光る粒子

富岡消防署の猪狩拓也《いがりたくや》（27・富岡消防署救急第一係主査）は、正午頃、富岡町役場に情報収集に出向き、その足で前日から避難所になっていた学校や集会所をまわり、「○○時に役場から避難のバスが出ますよ」と広報した。この頃猪狩は、長くても数日から一週間程度の避難で帰れるだろう、と考えていた。

一五時三六分。富岡消防署に戻り、車庫で休憩をしている時だった。「ドーン」という音がして窓がガタガタッと小さく揺れた。

「今の音、なんでしょうね」

猪狩は一緒に休んでいた職員に問いかけた。部屋の中にいた職員にも「今の音、なんですかね」と問いかけたが、音に気づいた職員はいなかった。

同時刻、苅野小での避難広報を終え浪江消防署に戻った佐藤圭太も、「パーン」と乾いた音を聞いた瞬間、空気の振動を感じた。その一〜二分後、署の向かいにある町役場の窓ガラスを背景にチリのようなものが見えた。

「何か降ってきた。ヤバいぞ……！」

キラキラと細かい粒子のようなものだった。

同署内にいた酒井《さかい》真和《まさかず》(27・浪江消防署警防第二係)は爆発音を聞き、咄嗟に外に飛び出した。空を見上げると、第一原発の方向に白い煙が見えた。しかし、状況がまったく把握できない。

その時、通信指令室から、

「爆発が発生した！」

という声が聞こえた。

酒井はそれを聞き、「どういうことだよ！」と思った。つい一〇日ほど前に、東電職員による研修で、「安全が確保されています」「原発が壊れることはありません」と教えられていたのだ。

樋渡《ひわたし》地区で避難を拒む老夫婦の家を訪れ、縁側から説得していた猪狩《いがり》聡道《あきみち》(36・浪江消防署葛尾出張所主査）と森寿一《もりとしかず》（22・浪江消防署葛尾出張所）は、家が崩れたような地響きを感じた。森は瞬時に、只事《ただごと》ではないとわかった。猪狩も異変を察知した。急いで寝たきりのおじいさんを救急車に乗せ、川内村の診療所「ゆふね」へと向かった。山麓線の浪江町大堀を抜けるあたりで、突然ポケット線量計が二～三秒に一回の速いペースで鳴り出した。森は、恐怖から冷や汗が出ていた。

志賀隆充は、傷病者を乗せ、ちょうど搬送先の「ゆふね」に到着した時に、原発が吹っ飛ぶテレビ映像を目にし、絶句した。福島中央テレビ（日本テレビ系列）の無人カメラが撮影していたものを、爆発四分後に同局でのみ流したものだ。

「うそだろう」

何もかもが信じられないことだらけだった。

ちなみに、この一号機爆発の映像が全国放送されるのは、爆発から一時間一四分も経った一六時五〇分である。

一方、過呼吸症状を呈した東電職員を「ゆふね」に搬送した木村と松林ら三人は、再び浪江消防署に戻る途中、国道六号の大熊町長者原《ちょうじゃはら》（第一原発から西に二キロ付近）で突然、それぞれのポケット線量計が一斉に一秒間に何度も鳴るのに驚き、慌てて無線

で報告した。すると、

「緊急走行で戻れ！」

と言われた。原発が爆発したことを、その時初めて知った。急いで浪江町に北上する途中、双葉町で高齢の男性が歩いていた。驚いて車から声をかけると、

「まわりに、人が誰もいないんだ」

と言った。男性は避難指示が出ていたことを知らなかったようだった。町はひと気がなく、静まり返っている。いつもと変わらない景色には、原発が爆発したことを示すものは何もない。その男性も乗せ、再び浪江消防署へと急いだ。

消防署、閉鎖・移転決定

一五時四〇分。爆発から四分後に、双葉消防本部は、管轄下の消防署のうち、浪江消防署・富岡消防署・楢葉分署を閉鎖し、二〇キロ離れた川内出張所と葛尾出張所へ二手に分かれ、移転することを正式決定した。

浪江消防署では、すべての車両を並べ、資器材や防護装備を積み込み、移動の準備を始めた。ちょうどそのタイミングで木村と松林らも帰署し、川内出張所への移動を告げられる。双葉町で乗せた男性も、そのまま川内村の避難所へ送り届けた。

双葉消防本部の加勢信二は、管内の危険物担当だったため、この日は早朝から、ガソリンスタンドに異状がないかを確認しつつ、燃料の確保に走りまわっていた。しかし、朝から避難指示が出たため、スタンドの店員も避難しなくてはならなくなっていた。当然、「給油のために残ってください」とは言えない。しかし、燃料がなくなれば活動は不可能だ。いくつかのタンクを、優先的に消防用に回してもらうお願いをし、手動給油できる設備も準備した。

幸い、川内村にあるスタンドには、避難指示が出ていなかった。午後になり、加勢はそこへ向かうと、軽油を分けてもらった。非常用発電機の燃料もなくなりそうだった。

本部のある浪江消防署に戻ると、「原発が爆発したから、二〇キロ圏外に出ることになった」と知らされた。そういえば、山に向かっているときに、爆発音を聞いていた。同乗している職員と、「何かドンって鳴りましたよね」と話していたのだ。

加勢は、分けてもらった燃料を車両に給油し終えると、葛尾出張所に向かった。

新妻雅人《にいつままさと》(21・富岡消防署救急第一係)は上司とともに、朝から夕方まで、半面マスクをつけて大熊町の避難確認を行なっていた。偶然、原子力防災訓練を受けたばかりで、緊急時にどの電話が鳴り、一〇条、一五条の意味が何かということは知っていたが、現実になるとイメージがわかない。放射線防護の資器材の管理担当だったが、「いよいよ使う時が来たのか」と思った。

大通りから「避難指示が出ています！」とマイクで住民に呼びかけ、残った人を見つけると、隣に座っていた上司が車を降り、避難場所を伝えた。それを何時間も繰り返し、気がつくと自分の声がかすれていた。避難広報中に一号機が爆発していたが、呼びかけを続けていたため、それには気がつかなかった。

一方、福島第一原子力発電所の状況をより正確に知る必要性も出てきた。その要《かなめ》であるオフサイトセンターの活動強化と情報収集のため、さらに二名が増員される。鈴木《すずき》直人《なおと》(38・消防本部消防課消防係主査)は、その一人として派遣を命ぜられたとき、「もう帰れねーな」と思った。原発が爆発し、浪江消防署も富岡消防署も楢葉分署も、原発から二〇キロ地点まで撤退するが、自分は四・九キロのところへと近づくのだ。

地震の影響により道路状況が悪かったため、細い田舎道を通ってオフサイトセンターへと向かう。センターの入口では、室内に放射能汚染を持ち込まないためのスクリーニングが行なわれていた。鈴木と上司は、ともに「汚染あり」と判断され、身体除染を受けた。スクリーニングの基準値は、当初の六〇〇〇cpm《シーピーエム》（一平方センチメートルあたり四〇ベクレルに相当）から一万三〇〇〇cpmへ、さらに一〇万cpmへと上がっていくが、この頃はまだ六〇〇〇cpmの段階である。除染とスクリーニングを繰り返し、やっとのことでオフサイトセンターの建物内に入ることができた。ネット環境・NTT網は使えず、本来必要な機能のほとんどが使用不能であることに鈴木も驚いた。情報は、テレビのほうが速かった。

職員も避難生活者

浪江消防署から川内出張所に向かうときに、「ああ、これはしばらく戻れないな」と渡邉正裕《わたなべまさひろ》（38・浪江消防署予防係主査）は思っていた。

浪江消防署では、移動させる救助車両を一列に並べ、職員が分かれて乗り込んだ。山麓線を南下し、双葉ばら園の横を通り抜けたが、山麓線は地震の影響で道路に亀裂があり、予備用タイヤで穴をふさいだりしながら移動した。

渡邉は、「妻はいま、どこにいるんだろう」と考えていた。考えないようにしていても考えてしまう。爆発の少し前に、妻は渡邉の血圧の薬を持って消防署を訪れていた。思わず「何やっているんだ、避難しろよ！」と言うと、妻はぽかんとしていた。状況を説明し、避難をうながしたばかりだ。

一一日は、長男の中学校の卒業式だった。一家は晴れ姿のまま、入院中の義父に卒業証書を見せに向かう途中で地震にあった。すぐに自宅に引き返し、道路状況が悪いため娘の自転車で浪江消防署に向かったのだが、「こういう時に消防士は家族を守れないんだな……」と渡邉は感じていた。

一方、公用車(消防車)が足りず、自家用車で数人乗り合わせて川内出張所へ移動することになった藤田知宏《ふじたともひろ》(24・浪江消防署警防第二係)は、出発する直前に「ボン」という音を聞いていた。「まさか、東電じゃないよね」「誰か、何かぶつけたか？」と同僚の栗原一旗と話していた。浪江町の谷津田《やつだ》のあたりで、同乗していた五人の職員の放射線量計が一斉に鳴り始め、「あれ、おかしいな」と思った。ちょうど栗原の自宅が見え、両親が車に乗って避難するところだった。栗原は「まだいたのかい！」と驚いたが、これから避難するのならとりあえず大丈夫だろう、と思い、声をかけなかった。自分たちが、全面マスク姿であることも、声をかけるのをためらわせた。

渡部真宏の車にも、五〜六人が同乗した。野村浩之《のむらひろゆき》(34・富岡消防署予防係主査)は、ピーピーと鳴り続ける放射線量計を持った先輩が、「これは原発だな」「俺ら、浴びちやったかもしれないな」と言うのを聞き、「もう妻には会えないかもしれない」と思っていた。藤田たちと同様、野村はちょうど車に乗り込んだときに「ボン」という音を聞き、「ヘリでも墜落したのか」と話していたところだったのだ。一方、同乗していた清水司は、音を聞いていなかったこともあり、実感がわかず、信じられない思いでいた。

その時、前を走るポンプ車が崩れた道路を避けようとして脱輪し、車両が斜めになってしまった。慌てて車から降り、乗っていた職員全員でポンプ車を救助した。線量計が鳴り続けるなか、「死ぬぞ!」「早く! 早く!」と怒号が飛んでいた。

情報のない中での初期被ばく

一号機爆発の直前、浪江消防署の富樫正明と藤田《ふじた》大治《まさはる》(32・浪江消防署救急第一係主査)、黒木《くろき》マーカスカツフサ(31・浪江消防署救急第一係主査)は双葉厚生病院から新生児と母親を救急車に乗せ、一一四号線を通って川俣町《かわまたまち》にある廃校(避難所)に搬送していた。

搬送を終え、浪江消防署に戻ると、明かりが消え、消防車両も消えていた。二階に上がり倉庫の前を見ると、原子力資器材を急いで集めた様子がそのまま残され、袋などが散乱していた。通信指令室に入ると、上司が五人ほど残るだけで、この三時間ほどの間に、全員いなくなっていた。

上司は「なんでお前ら、ここに来たんだ？」と言った。富樫たちが川内出張所に戻ると思っていたのだ。しかし三人は、住民が避難したことも、原発が爆発したことも、消防署が川内出張所に移転したことも、この時まで知らなかった。飲まず食わずで仮眠をとることもなく、一一日の地震直後から救急搬送に赴いていたため、署に戻るひまもなく、情報を得る機会がなかったのだ。一号機爆発を知らせる無線も、山間部の不感地帯を走行していたためか、聞こえていなかった。

一カ月前の二月に、富樫は茨城県東海村の日本原子力研究開発機構にある原子力緊急時支援・研修センターで原子力災害訓練に参加したばかりだった。その訓練の際、富樫は、

「放射能汚染の除去や住民避難はどうやるんですか」

「オフサイトセンターのライフラインは大災害が起きても確保できるんですか」

といった質問をしていた。

「富樫さん、事故は絶対に起きませんから大丈夫ですよ」

繰り返し、そう諭されたことを覚えている。

疲労困憊《ひろうこんぱい》して救助活動から戻った富樫たちに、署長は「俺はもう少しここに残るから、お前たちは川内出張所に避難しろ」と命じ、「腹減ってるだろう。蕎麦《そば》、食ってから行け」と言った。

ようやくありつけた食事だったが、富樫は、あの爆発直後の蕎麦は、水は、口にしても大丈夫だったのだろうか……とふと考えることがある。

川内出張所に向かおうとしたところへ、痙攣《けいれん》発作を起こした住民の救急搬送の要請が入った。富樫と藤田はそのまま、浪江町民の避難所となっていた津島地区からその住民を福島市にある福島県立医科大学の附属病院へと搬送した。平時でも片道一時間ほどかかる距離である。

この時、藤田は、避難所でも福島県立医大でも、「なんであなたたちは、防護服を着ているの？」と聞かれた。誰も放射線量計を持っていないため、放射線の存在にピンときていない様子だった。

任務を終えようやく移転先の川内出張所に向かうと、すでに零時をまわっていた。川内出張所の入口では、室内に放射能汚染を持ち込ませないために、若手職員がスクリーニングを行なっていた。川内出張所に移転してからは、若い職員にできるだけ被ばくをさせないようにと、この業務が割り振られていた。

富樫がスクリーニングを受けると、測定するサーベイメーターの針が振り切れた。二万一〇〇〇cpm。

「全部脱いでください」

服を脱がされ、頭を四回洗ってようやく一万五〇〇〇cpmにまで下がった。

この時の二万一〇〇〇cpmという数値は、スクリーニングを担当していた佐藤良樹にも記憶があり、大気中を北西方向に流れていた放射性プルームにあたってしまったのだろうか、とあとになって考えた。

寒くて、お腹がすいていて、そのうえ眠い中でその数値を知り、この時ほど悔しい思いをしたことはなかったと富樫は思い返す。救急搬送で出動し続けていたため、防護服を着ることもなく、この時まで平常の救急服だった。一号機の爆発も知らなかったため、エアコンも外気を取り入れていたのだ。

藤田も、「原発で働いている人の基準が数百cpmだったはず」と聞き、自分の検知された数値が六万cpmだったことに暗い気持ちになった。濡れたタオルで頭を拭いても、活動服を脱いでも、落とすことができなかった。シャワーを使うことが許され、なんとか一〇〇〇cpmくらいまで落とせた。しかし藤田は、自分は一週間後くらいには体調を崩すだろう、と思っていた。

川内出張所の玄関の外で活動服を脱がされた黒木は、次に着る服がなくなってしまった。救急服は一一日の夜、津波の救助活動で泥だらけになり、その時着替えたオレンジ色のレスキュー服は放射能で汚染されてしまった。着替えがほしくても、双葉町の自宅には戻れない。下着姿で所内に入ると、遠藤朗生が「これ、俺の着ておけ」と、レスキュー服を貸してくれた。

行き先のない入院患者

消防本部の渡邉敏行は、浪江消防署から川内出張所に移動していく職員を見送り、「さあ、俺も行くか」と思った矢先に、浪江町にある西病院から救急搬送の要請を受けた。バスには乗せられない重症患者を、救急車で運んでほしいと言う。一台戻ってきた救急車で、渡邉と大和田《おおわ》仁《だひとし》(50・消防本部総務課長補佐)と二人で西病院に向かい、玄関先に運ばれたベッドに寝ていた高齢者二人を救急車に乗せた。

「どこに運べばいいの?」と看護師に聞くと、「受け入れ先は決まってない」と言う。とりあえず、浪江町民が避難している津島地区の活性化センターまで連れていこうと、国道一一四号の走行車線の反対側を緊急走行した。

活性化センターに着いたものの避難している人であふれ返り、「入れるところなんかないですよ！」と言われた。実際に空いている場所はなかった。近くの津島診療所に行ってみたがそこも患者であふれ、「ここは無理です」と言われてしまう。

ちょうどその時、同じく西病院から患者を乗せた県警の大型バスが津島診療所に到着した。医師は乗っておらず、看護師が途方に暮れ泣いていた。

「どうすんのこれ……」

渡邉は、普段から世話になっている浪江町の特別養護老人ホーム「オンフール双葉」に搬送することを決めた。再び国道一一四号を戻ることになるが、オンフール双葉は半径一〇キロ圏外。この時はまだ二〇キロ圏内に避難指示は出ていなかった。連絡はつかなかったが、とにかく行ってみるしかなかった。

オンフール双葉に着き、頼み込むと患者二名は受け入れてもらえたが、交換条件があった。

「双葉厚生病院から来た妊婦さんが六人いるんだけど、この方たちを乗ってきた救急車で病院に連れていってもらえないだろうか」

しかし、妊婦たちの搬送先もやはり決まっていなかった。

看護師長と話をしているうちに、搬送されると思ったらしい妊婦は揃って救急車に乗り込んでいた。この時、外に出た渡邉のポケット線量計はピ・ピ・ピ・ピと連続して鳴っていた。救急車に乗っていても、放射線は通してしまう。

「この車よりも、コンクリートの建物の中のほうが安全です。搬送先を探して放射線量の高いところを下手にうろうろするよりも、それぞれ家族に迎えに来てもらったほうがいい」

と説得した。妊婦たちは家族とも連絡がとれていなかったため、探しやすい場所にいたほうがよいだろうという考えもあった。

その後、渡邉と大和田は浪江消防署にいったん戻り、川内出張所へと向かった。富岡町から川内村へ抜ける県道三六号(小野富岡線)の割山《わりやま》トンネルに、消防独自のスクリーニング場が設置され、若手職員が数人態勢で担当していた。スクリーニングを受けると、二人とも汚染されていた。

「服を脱いでください」

一枚一枚脱がされ、最終的にはTシャツもダメだった。しかし着替えもない。真冬の寒さの中、タイベック(防護服)を三枚着込むと、二人は川内出張所ではなく葛尾出張所へと向かった。川内出張所には、富岡消防署、楢葉分署、浪江消防署から一〇〇名近い職員が移動し、通常四～五名しかいない事務所が飽和状態になっていたため、浪江消防署所属の一部の職員は葛尾出張所へ行くように指示されたのだ。

この日、松本孝一（43・浪江消防署葛尾出張所主査）や堀川達也（33・富岡消防署川内出張所主査）も、救急搬送の連続で消防署にはほとんど戻っていなかった。記録では、松本は一一日からの三日間で八件、二七時間も救急車に乗り続けている。通常は最寄りの病院が搬送先となるが、避難指示が出たため、郡山《こおりやま》市や二本松《にほんまつ》市など片道一時間以上かかる病院への搬送が多かった。

夜、川内村の避難所で、呼吸が苦しいと男性が倒れたため、郡山市の南東北《みなみとうほく》病院へ搬送することになった。郡山市総合体育館では、この日の二一時頃から、相馬・双葉地区から避難してきた住民の緊急被ばくスクリーニングと除染とが開始されていた。南東北病院からは、搬送前に傷病者にスクリーニングを受けさせるよう指示された。

しかし、郡山市総合体育館では、そもそもバックグラウンド（測定対象物のない状況での放射線）の数値が高すぎて、測定できない状況だった。針は一万ｃｐｍを超えていたが、「バックグラウンドより低いので、大丈夫」と測定者に言われ、南東北病院へと戻った。

堀川は、病院に行くと、スタッフが自分たちを「汚染した人」と見ていることを感じた。数メートル離れた場所から、放射線量計をこちらに向けて、少しずつ近づいてくる。

原発から遠く離れれば離れるほど、放射能に対して恐怖が大きくなる気持ちは理解できた。しかし、堀川は、その扱いがあまりにもショックだった。

消防署を閉鎖するということ

富岡消防署では、通信室に詰めていた渡部友春が川内出張所への移動の準備をすすめていた。

道路状況から、大型の梯子車《はしご》・化学車・水槽車は川内出張所まで移動させられないと判断し、置いていくと決めた。使う時は、ここに取りに来るしかない。人員の移動には公用車だけを使用し、個人の車も置いていくことにした。救急・救助活動から戻ってきた職員に、それぞれの役割をふり、どんどん川内出張所へと「転戦」させた。

「二二時二三分、富岡消防署を閉鎖します」

上司が無線で告げるのを横で聞いていた渡部は、「今後こんな経験をすることはないだろう」と思った。消防署は三六五日開いていて、一一九番通報も二四時間受け付けているものだ。それを、閉じる。「助けてください」と人が駆け込む場所が、閉まる。

富岡消防署を上司と岡本博之と渡部の三人で閉めると、救助要請を受けていた大熊町に向かった。津波で流され、車に取り残されているという話だった。この頃、救助要請の時差や行き違いが頻繁に起き、空振りもいくつかあった。津波直後の救助要請が、いろいろな機関を転々と回るうちに、最初に通報された状況と異なってくる。川内出張所に向かっていた救助工作車がまだ近くにいたので、その部隊を呼び戻し、六〜七人で現場確認をした。しばらく周辺を捜索したが、救助要請のあった現場に人はいなかった。

暗闇が広がる停電した町に、車のライトと懐中電灯だけが光る。冬空の澄んだ空気の中、爆発したコンクリートの破片なのか、光を受けてキラキラした粒子が空を舞っている。

「これが、あれか。爆発の灰か」

原発建屋の破片か、断熱材か。捜索中にそんな話を交わしたことを渡部は覚えている。その雪のような灰は、服のシワに薄く積もる。それぞれが持つポケット線量計が、瓦礫を踏む音にまぎれ、順番に音を鳴らしていた。岡本は光るチリを目で追いながら、「家族は無事だろうか。とにかく逃げていってくれ」と心の中で念じていた。

この捜索に加わった横山典生も、川内村へと運ばれる車の中で家族のことを思っていた。妻と子どもは、いま、どこにいるのか。暗くなった道を照らすヘッドライトからのびる二本の光の筋に、キラキラとした粉が舞い続けている。「死の灰」。横山は思った。みんな「これはヤバい」と、うっすら思っている。でも、誰もそれを口にはしない。口にしても、降ってくるものを避けられるわけでもなく、川内村に移動しないわけにもいかない。たった一日前の、大地震と津波のあとの世界が、いま、どこに向かっているのか、横山は、わからなかった。

双葉厚生病院で看護師として勤務する横山の妻は、発災後、仕事を抜け出せなかったため、非番だった横山は子どもたち三人を学校と保育園に迎えに行き、富岡消防署に連れてきていた。一号機爆発の少し前に、妻が消防署にいる子どもたちを迎えに来て、職場の双葉厚生病院に連れていったのだ。救急搬送で出ずっぱりになってしまう横山より、看護師である妻のほうが確実に子どものそばにいられる。

しかし、爆発直後に「しまった……」と横山は思った。ここよりも、妻の職場のほうが原発に近い。職場に戻らせずに、妻も子どもたちも避難させればよかった、と悔いた。

実際は爆発前に、すでに妻と子どもたちは病院の患者とバスに乗って西に向けて避難をしていたことは、このときの横山には知るよしもない。ただただ、案じるしかなかった。

東京から戻った職員たち

東京から双葉郡を目指していた職員たちは、渋滞を抜け、夕方から夜遅くにかけて郡内に到着し始めていた。

遠藤朗生と関貫一郎は、原発の爆発を、北上する車の中で知った。「ヤバいな」という話はしていたが、関は、自宅のある地域に避難指示が出ていたことには気づいていなかった。

一八時頃に楢葉分署に到着した。まだ、川内出張所に移動する前だった。買い込んだ食料を楢葉分署に置いて、遠藤と関は、富岡町のそれぞれの自宅にいったん帰宅した。関は下着を何枚かと着替え、仕事用の服を準備し、職場である富岡消防署へと向かった。この時は、まさか長い間、自宅に戻れなくなるとは思っていなかった。

富岡消防署に到着すると、署内の窓や換気扇は目張りを施され、自分自身もスクリーニングをされたことにより、「ああ、やっぱり一五条の通報があったのだ」と痛感した。

「フレッシュなやつが来たな。救急出られる?」

と先輩に言われ、傷病者の搬送に向かった。川内村の村立診療所「ゆふね」から、郡山市内の病院への搬送だった。

駅伝大会に出場予定だった中島徹、大和田洋陽、渡邉克幸は、遠藤たちの通った海側の国道六号ではなく、内陸の国道四号から北上していた。茨城県あたりで食料を買い、自宅に着いたのは二二時をまわっていた。大和田は楢葉町、中島と渡邉は広野町に自宅があった。大和田と中島の二人は、車に仕事に必要な荷物を詰め込むと楢葉分署に向かった。

一方、渡邉は、家族のことが気がかりだった。一二日には広野町にも屋内退避指示が出て、町は自主避難を勧めていた。一年前に立て続けに祖父と父を亡くし、渡邉は二一歳の若さであったが、母や祖母を支える立場であることを意識していた。弟は専門学校生、妹は高校生、二人とも、まだ社会人ではない。そして、原発は危ない状況にある。

弟には、朝早くに、「東京からそっちに向かう。貴重品を持って、みんなでいわき方面に向かえ。食料を届けるから、届けたら職場に戻る」と電話で伝えてあった。

とにかく、買ってきた食料を家族に届けるために、いわき市へ向かった。渡邉は、公衆電話から職場に電話をして事情を説明すると、「富岡消防署はこれから川内出張所に移動するから、明日の朝に連絡をしてくれ」と言われ、「わかりました」と電話を切った。しかし、車には燃料がほとんどなく、いわき市から川内出張所まで走れるかどうか、不安があった。

その夜は、いわき市の平《たいら》消防署のグラウンドで一泊した。ラジオからは、どれが本当なのかわからない情報がたくさん流れてきた。放射性物質がどれほどまで拡散しているのかわからず、車から降りるときは、なんとなく息を止めたりもしていた。原発がどこまで壊れ、この先どうなるのか、まったくわからないまま、寄る辺《よべ》ない家族を放ってはおけない。でも、職場に戻らなくては。渡邉は葛藤を続けていた。

3

原発構内へ

3月13日

東電からの要請に応えての給水活動

原子力災害訓練にない冷却水運搬

三日目の早朝、川内村はマイナス三度まで冷え込んだ。この日は快晴で、昼には四月並みの陽気になった。前日の夜遅くには、この災害が全国を対象にした「激甚災害」に指定されている。

福島第一原子力発電所の危機的状況は続いていた。一三日午前五時一〇分、今度は三号機に一五条事象(非常用炉心冷却装置注水不能)が発生。八時四一分、三号機の格納容器内の圧力を下げる「ベント」の準備が完了し、その後、九時二〇分にベントをしたとされているが、その情報も双葉消防本部には伝わっていなかった。一号機と同様、放射性物質を含む気体が外部に排出されたことが、東電構内の放射線量の上昇(九時二〇分・正門前、毎時二八一・七マイクロシーベルト)で確認されている。

渡部友春は、「原子炉を守るためにベントをするだろう」ということは聞いていたが、実際に行なう前に連絡があるものだと思っていた。消防には避難誘導という役割が与えられ、緊急避難が必要な時のために、多くの拡声器を持っている。一号機・三号機のベントを試みていた事実はあとになって知るが、あの時、もし事前に知っていたらできたこと、声をかけられたことがあっただろう、と渡部は思い返す。

九時三六分、「福島第一原発ろ過水精製のため六トンの水槽が必要。原液搬送車の手配が可能であれば、免震重要棟の前まで来てほしい」と、淡水搬送要請があった。

この要請に対し、遠藤朗生、岡本博之ら五名の職員が向かった。一号機爆発後の、原発構内での活動である。しかし、放射線量などの詳細な情報は来ていない。五名は、全面マスクにテープで目張りをして出動した。

遠藤朗生はこの時、同乗した職員と、

「なんで水の搬送なんだろう？」

「たぶん、原子炉の冷却水だろう」

という会話を交わした。

福島第一原子力発電所一号機では、一二日午前四時頃から淡水の注入が始まっていた。東京電力から消防関係の業務を請け負っていた自衛消防隊による注水。一九時過ぎには海水注入に切り替わっていた。核燃料を冷却するために、原子炉圧力容器が水で満たされている必要があった。

しかし、これまで原子力災害訓練を年に一度、行なってきたが、公設の双葉消防本部が原発構内に水を運ぶ訓練など行なったことはない。原子力災害の場合は、原子力災害対策特別措置法に基づき、自衛隊が派遣されることになっている。消防士の任務として消防法に書かれた目的は、「火災の予防と警戒、鎮圧」そして「人命救助と救急搬送」であり、原子力災害では、「住民避難誘導・広報」を担当していたはずだった。

大型の原液搬送車は、広野町のコンビナート火災用に備えて消防が持っていたものだ。富岡消防署に置いたままだったため、いったん富岡消防署に寄り、原液搬送車に乗り換え、乗ってきたもう一台のポンプ車とともに出発した。町中に人影はなくなっていた。

さらに大熊町のオフサイトセンターに寄り、放射線防護装備の最終確認をする。ポンプ車と水を積んだ原液搬送車は、一号機が爆発したばかりの原発へと向かった。他の原子炉も危険な状態にある。何かが起きれば、命の保証はない。

オフサイトセンターに詰めていた鈴木直人は、給水に向かう職員たちを見送り、「無事に帰ってきてくれ」と祈った。

「なぜ止めてくれなかったのか」

遠藤、岡本ら五名は、一二時五九分に第一原発の正門に到着した。原発に近づくにつれ、ポケット線量計の「ピッ」という音の間隔がどんどん短くなり、とうとう間隔はほとんどなくなった。「作業を早めに終わらせて早く帰ろう」と、全面マスク越しに同僚と言葉を交わす。

免震重要棟で東京電力から給水作業の説明を受け、誘導車で二号機と三号機の間へと向かった。現場到着は一三時二六分。前日に爆発した一号機の建物の上部は崩壊し、あたり一面に瓦礫が散乱していた。どの瓦礫が、どの残骸の塊が、どれくらい放射線量の高いものなのか、わからない。岡本は「とんでもないところに来た」と感じた。そもそも、いつ、どの原子炉が爆発するか、生きて帰れるかすら、わからない。

東京電力は、原発事故直後から、東京にある東京電力本店、現場である福島第一、第二原発、新潟県の柏崎刈羽《かしわざきかりわ》原発など各拠点をテレビ会議で結び、リアルタイムで事故の対応を議論していた(東京電力は、一一日は記録がなく、一二日と一五日は記録がほとんどないと説明している)。

遠藤らが到着した一三時半頃、三号機リアクタービル(原子炉建屋)の二重扉の内側は、毎時三〇〇ミリシーベルトにも線量が上がり、その東電テレビ会議では、「線量上がってモクモクした状態になってます」という報告がされている。三号機も危険な状況ではあったが、そもそも一号機が爆発したあとの構内での活動にもかかわらず、放射線量も、ベントの可能性も、必要な情報は何も知らされていなかった。

任務は、「原液搬送車に入っている水を、構内の防火水槽に入れる」というものだった。原液搬送車では注水作業ができないため、双葉消防本部は、ポンプ車も出動させ、原液搬送車から水槽に水を送り出す作業を想定していた。だからこそ五名、二台で向かった。しかし、現場に到着すると、東電の自衛消防隊のポンプ車が待機していた。それを使うのだという。ポンプ車があることも知らなかったうえ、普段使っていない車両は、操作方法がわからない。

始める前に、その場で東電のポンプ車の操作説明を受けることになった。東電のポンプ車を使うのなら、最初から少人数で行けばよく、操作手順を屋外で教わる時間に、無駄な被ばくをする必要もなかった。岡本は、焦り、苛立《いらだ》った。

一度目の給水は無事に終了した。しかし、水は足りていないという話だった。二度目の給水を行なうことになる。計画では、構内の正門近くの建物内にあるプールから吸水する予定だったが、瓦礫が散乱していて、目的のプールまで車が近づけないばかりか、吸管を直列しても届かない場所だった。

「構外の最寄りのため池から水を運べばどうか」。周辺の水利状況は、双葉消防の職員こそ、もっともよく知っている。そう提案すると、「確認します」と言われたまま、今度は、原発構内の屋外で二〇〜三〇分待たされた。線量計は鳴り続ける。

東電テレビ会議では、東電本店と福島第一原発とのやりとりで、構内が毎時三〇〜五〇ミリシーベルト、免震棟の周りでも毎時五〜一〇ミリシーベルト(一三日一四時一四分)と、高線量である報告がされているが、岡本らは当時、それを知るよしもない。屋外で二〇〜三〇分、「確認」で待たされた岡本は、「これも無用な被ばくだ」と感じていた。

一方、遠藤は、この時に、三号機・四号機の排気筒から白い煙が上がっていたのを覚えている。「なんだろう?」と思っていたが、のちに、ベントを試みている頃だったと知り、「ふざけるな」と思った。ベントの可能性など、何一つ知らされていなかった。

ようやく、ため池からの給水に許可が出たので、正門を出て、急いで近くのため池に向かい水を六トン積み直すと、遠藤と岡本の二名、一台だけで原発構内へと戻った。給水作業は何度か行なうということだったので、他の三名はため池で待機していた。

免震重要棟に一度寄り、「二回目を入れます!」と伝えたが、誘導車は来なかった。二回目だから場所は知っているので、不要だと思ったのだろう。しかし、現場に行くと、さっき作業をしていた人が一人もいない。遠藤は、「おかしいな」と思った。その時、白い車から、慌てた様子で駆け寄ってきた東電社員にこう言われた。

「現場は緊急退避が出ています！　すぐに、退避してください！」

実はこの時、三号機の爆発が予想されていた。一五時五九分には「このエリア(三号機周辺)は危ないんで人間は全員引き上げてこさせてます」と吉田昌郎《よしだまさお》所長が東電本店に報告。また、「スタック(排気筒)からですね、白い煙がモゴモゴ出てると。三〇分、一時間前です」と一六時に報告があり(おそらく遠藤が見た白い煙)、その煙が一号機が爆発する直前の排気筒の煙と似ていた。遠藤と岡本は、何も知らなかった。「退避指示が出ていたのなら、なぜ正門か、免震重要棟で止めてくれなかったのか」と遠藤は思った。ため池から構内に戻ったときに教えてくれれば、すぐに引き返しただろう。

「緊急退避、ということはまた爆発するのかもしれない」と瞬時に悟り、できるだけ早く逃げなくてはならないと感じた。数キロしか離れていないため池で待機している職員にもすぐに無線で知らせたが、無線がつながらない。遠藤と岡本は慌てて正門を出て、直接ため池まで緊急走行し、職員に原発の危険を知らせると、汲み上げるポンプの撤収作業を素早く行なった。爆発すれば、ため池付近も危ない可能性がある。

再び緊急走行で、原発事故時の対応拠点であるオフサイトセンターへと戻った。

オフサイトセンターでは活動中の表面汚染を調べるため、入口でスクリーニングを受けたが、やはり「汚染あり」と、検査に引っかかってしまう。岡本は「着ているものの数値が高くてダメだ」と言われたが、防火衣は一人一着しかない。防火衣がなければ、消火活動時に炎から身を守ることができず、命に関わる。消防士にとっては、どうしても必要なものだ。やむを得ず、何度も拭き取ってそれを着る、という選択肢しかなかった。

現地対策本部として情報が集まるはずのオフサイトセンターにも、遠藤や岡本が東電社員から告げられた緊急退避命令の情報は入っていなかった。いったい、原発構内でのリアルタイムの事象が、どのくらい経ってから入ってくるのか……岡本は、疑念と怒りをおぼえた。

三月一二日と一三日に原発構内で作業をしていた陸上自衛隊(福島、郡山両駐屯地)の隊員一二人の被ばく線量が、六月になって報道されている。作業の二カ月後(二〇一一年五月)に、防衛省が東電に問い合わせて明らかになったものだ。最高値は八〇ミリシーベルトを超え、七〇、六〇、五〇ミリシーベルト台が各一人、四〇ミリシーベルト台が三人、三〇ミリシーベルト台が二人、一〇ミリシーベルト未満が三人と確認された。自衛隊隊員らは、東電から個人線量計を借りて活動したため、東電が被ばく量を記録していた。

しかし、この時、双葉消防本部から向かった五人は、ポケット線量計は身につけていたものの、東電から個人線量計を借りて活動していない。ポケット線量計による詳細な被ばく線量の記録も残っていない。そもそも、「原発事故は起きない」前提であり、訓練でも行なうことのなかった原発構内の高線量地帯での活動を、本来、双葉消防本部は担当していなかった。ひっきりなしの救助・救急活動に、「記録」にまで手が回るはずもない。被ばくの管理体制が整うのは、もう少しあとの話だ。

また、政府事故調査委員会のヒアリング記録によると、この日、東電の原発構内では医療班長が、発電所敷地境界の放射線量が毎時五〇〇マイクロシーベルトを超えた段階で、甲状腺被ばくを防ぐ安定ヨウ素剤を作業員に配布し、作業に出る人は副作用に留意したうえで飲むようにと指示している。安定ヨウ素剤は、三万錠が東電の医務室に保管されていた。

双葉消防本部には、安定ヨウ素剤の備蓄はなく、遠藤や岡本らのように、屋外での危険な活動があったにもかかわらず、ほぼすべての職員に服用の事実はなかった。

若手によるスクリーニング業務

機能移転先の川内出張所は、普段は四～五名が勤務する小さな消防署だった。そこに、浪江消防署・富岡消防署・楢葉分署から九六名の職員が集まることになる。葛尾出張所にも二八名が滞在することになるが、どちらの事務所も職員の十分なスペースは確保できなかった。

職員たちは事務所の廊下、車庫、書庫などにダンボールを敷き、そこで身体を休めるという劣悪な状況で過酷な活動を続けることになる。どの職員も自宅が避難指示区域にあり、帰ることができなくなった。消防職員もみな、「避難者」だ。

食料も底をついていた。幹部職員のカンパを使って、若い職員は食料調達に走りまわった。「食料買い出しに行くぞ」と佐藤圭太は石井俊久に声をかけ、公用車に乗り、隣の田村市に向かった。石井は、福島市の消防学校で初任教育を受けている最中だったため、言わばこの買い出しが、公用車での「初めての出動」だった。田村市にはほとんど食べ物がなかったため、旧常葉町《ときわまち》(現・田村市)のスーパーに足を延ばした。スーパーには、水や食料を求める多くの人が押し寄せ、長蛇の列を作っていた。

購入品は一人二〜三個、という限定販売のところもある。その数では埒《らち》があかない。佐藤は思い切って「双葉郡内で活動を続けている消防職員一二〇人の食料がないんです」とスーパーの店員に願い出ると、店員は、裏の倉庫からカップラーメン五箱などを融通してくれた。

佐藤は、葛尾村にある実家の商店にも立ち寄り、食料、飲料、タバコ、タオル、ヒゲ剃り、はみがき、下着類など、店にあるものをありったけ持ってきた。タバコも箱ごと持ってきたが、職員からはそれが喜ばれた。

若い職員たちは、移転した川内村内での放射線の線量モニタリングやスクリーニング、避難所巡回なども担当していた。渡部友春は、「若い職員にも何かやってもらわなくては」と考え、六〜一〇名の若手で、スクリーニングの係を編成した。すでに消防内には、被ばくの可能性が高い危険な活動には、できるだけ若い職員を行かせないという考えもあった。

若い職員らは、寒さの厳しい出張所の玄関に二四時間態勢で詰め、活動を終えた職員の防護服を丁寧に脱がせて、「汚染あり」とされたものをパッキングして隔離し保管する、という一連の作業をこなした。この時の若手のサポートがなければ、放射線防護は粗雑になっていただろう。体力的にも精神的にも疲弊する活動後すぐに休むことができたのは、この若い職員たちのおかげだった、と渡部は思い返している。

その若手の一人、酒井真和は、訓練で一度も針が振れたことのない計器が動いているのを見て、「ここ（川内村）にも放射性物質は来ている」と感じていた。色もにおいもない放射能汚染が忍び寄る。佐藤良樹は、避難していた住民から「ここの放射線も測ってほしい」と言われ、避難所の体育館の入口で測ると、二〇〇〇ｃｐｍを超えていた。「普通じゃない」。その二〇〇〇ｃｐｍを超える数値が、双葉全体のことか、福島、あるいは日本全体がそうなのか、一時的か、ずっとこのままなのか、佐藤にはわからなかった。不安にかられ、近くにいる職員に聞いてみても、「これだ」という答えを出せる人はいない。放射線に関する教本を本棚から探し出し、健康への影響に関する項目を確認して気持ちを落ち着かせていたが、それが本当に「大丈夫」なのかは、それでもわからなかった。

根本達也《ねもとたつや》（24・富岡消防署警防第二係）は、富岡町夜ノ森《よのもり》の桜の枝を一本持ってきた住民から、「これを測ってくれ」と頼まれた。あと一カ月もすれば、夜ノ森では桜が満開になる。夜ノ森の桜は有名で、毎年「桜まつり」が開催されていた。「よさこい」を踊るチームが全国から駆けつけ、夜にはライトアップされた桜のもと、よさこいを踊り、賑わっていた。

住民は、原発による放射能汚染がどの程度のものなのかを、桜の枝で知りたい様子だった。今がどういう状況なのか、一カ月先はどうなるのか、誰にもわからなかった。根本が枝を測定してみると、基準を大きく超える高い数値が出てしまった。

根本は、その桜の花の芽がついた枝を預かり、廃棄した。

また、繰り返しスクリーニングをしているうちに、石井俊久はあることに気がついた。同じ隊で活動していた隊員三人でも、スクリーニング値が違うのだ。機関員(車両の運転手)の被ばく量は、隊長や隊員よりもやや低い。隊長は、消防車から降りて現場の確認作業をするなど、外での活動が多い。隊員は、車両誘導などで外に出る。機関員は、車両を動かさなくてはならないため、車内に居続けることが多い。外に出ないことで、表面汚染を免れていることが明らかだった。

もっとも若手だった石井は、同僚と一緒に三〇分おきに川内出張所の屋外に出て、空間線量率を測定していた。いつ数値が変動するかわからないからだった。初任教育を受けている最中の石井は、防護装備を見たことはあったが、原子力防災訓練には、まだ参加したことはなかった。とにかく言われたことを、ただひたすらやることに注力した。

テレビニュースの天気予報で双葉郡内の情報だけ表示されないことに気がついた関貫一郎は、「あれ、双葉郡、なくなっちゃうんじゃないか……」と思っていた。地震と津波に追い打ちをかけるように原発が爆発したのは、たった一日前の出来事だ。携帯するポケット線量計は見えない変化を音で伝える。「自分たちは放射能で汚染されて、この双葉郡から出てはいけない人間になってしまうのではないか……」。そんなことも考えていた。

スクリーニングだけではなく、川内村内にある避難所の連絡員も、若手が務めた。川内村では、双葉郡の主に富岡町からの避難者を受け入れていて、村内にある大小の公共施設一九カ所で対応していた。大きな避難所には一〇〇〇人ほどの人が詰めかけていた。石川俊勝《いしかわとしかつ》(22・浪江消防署葛尾出張所)は、消防士になって三〜四年が経った頃だった。川内中学校の避難所の救急を任され、少し緊張していた。怪我人や体調不良者が出たら署に連絡をし、症状によっては歩いて診療所「ゆふね」に行ってもらう。救急搬送が必要な場合には、本部に連絡をして救急車を手配するなど、夜通し対応をした。

佐々木《ささき》匠《たくみ》(23・富岡消防署川内出張所)もこの連絡員を務めたが、「川内村からも、早く避難しなくちゃいけないよね。消防さん、どうなっているの」と住民に声をかけられたことがあった。住民の不安はよくわかったが、若い佐々木にはどう答えていいのかわからなかった。

この頃、救急隊の活動は郡山市や福島市にある病院への患者搬送が多かった。当時、スマートフォンの普及率は全国的にも約七〜八パーセントといったところだった。職員を含め、人々の携帯電話は「ガラケー」と呼ばれる従来の機種が多かった。その携帯電話は、電波がなく通信ができない場所でメールを送信しておくと、通信状況が良いところで電波に反応し、送信される。職員たちは、連絡をとりたい人に向けてその操作をしておき、関貫一郎に預けた。関は、同僚の携帯電話を預かって郡山搬送時に持っていく。郡山ではメールの送受信ができるからだ。家族との連絡は、相変わらずほとんどの職員がとれていなかった。

当時、避難所では、職員たちのタイベック(防護服)姿が不評だった。原発事故によって、突然避難を余儀なくされた人々には苛立ちも広がっていた。この先どうなるかという不安だけではなく、当然、放射能汚染への不安もあった。「自分らばっかり防護して」「不安を煽《あお》るからやめろ」「そんな格好で来るんじゃねぇ!」などと言われ、職員の中には避難所に入る際にはタイベックを脱いで活動する者もいた。

蓄積していく疲労

この頃、「まだ避難をしていない身内がいるから連れ出してほしい」「連絡がつかない身内がいるから家に行って探してきてほしい」という要望がいくつか消防に寄せられていた。そういった住民を探しに行く活動も消防職員が担っていた。

川内出張所から、閉鎖された消防署のある方へ向かうことを「下りる」と表現する。川内村の山間部から、海沿いへと下っていくからだ。佐藤圭太も全面マスクをしてバスに乗り、五～六カ所を探しに何度か「下り」た。

捜索要請は空振りに終わることが多かったが、双葉町のアパートには実際に住民が残っていた。チャイムを鳴らすと二〇代の夫婦が「はい」と、ごく普通に出てきた。佐藤は防護服に全面マスク姿。相手は普段着だ。ギョッとした様子の夫婦に、「避難をしないんですか？」と聞くと「避難しなくちゃいけないんですか？」と逆に問い返された。停電でテレビも見られず、携帯もつながらない。「なんでみんないないんですか？」。その問いかけには、佐藤もびっくりした。原発事故が起きたという状況を説明すると、夫婦は驚き、すぐに自分たちの車で逃げていった。

バスを走らせていると、近くの用水路で水を汲んでいる男性がいた。「避難しないんですか！　避難してください！」と呼びかけると、「大丈夫だ！　ほっといてくれ！」と答えが返ってきた。また、別の男性は自転車に乗って避難区域を走っていた。「ダメですよ、避難してください」と佐藤は呼びかけたが、「いいんだ！　俺は、ここで死ぬんだ！」と言った。

富岡町では、夫が亡くなって遺体が家にあるという女性が「置いていかんね」と言い、避難を拒否していた。町役場に連絡し、「ご遺体は町がどうにかすると言っていますから……」と説得し、川内村に連れていった。

全面マスクは酸欠になり頭が痛くなる。喉もカラカラで寝不足も続いていた。この頃、何人かの職員が「事故を起こしそうになった」と話している。佐藤もこのバスの運転で危ない瞬間があった。地震・津波から三日目。避難者でもある消防士たちは、布団で眠ることもできないなか、疲労はどんどんたまっていった。

この日の夜、渡部友春は立ったまま何人かの職員と打ち合わせをしている最中、ガクッと膝から崩れ落ちた。三月一一日からずっと寝ていないため、一瞬気を失ったのだ。「寝たほうがいい。横になれ」と言われ、仮眠できる場所に移動したが、結局、そこには一〇分もいなかった。一人になるとどうしても家族のことを考えてしまう。町の動きを追跡すれば、家族に会えるだろうか。まだ四歳の娘、ゼロ歳の息子、妻は、父は、母は、無事だろうか。目をつむると、むしろ脳が活発に動き出し、胸騒ぎがして眠れない。起きて、活動しているほうが気がまぎれた。

全面マスクでの消火作業

二一時五三分。浪江町加倉《かくら》地区で建物火災が発生し、五隊一三名が現場へと向かった。全面マスクに防護服、その上に防火衣を羽織っての消火活動。防護服を外側に着ても、燃えてしまうからだ。

原発が爆発し、避難指示の出た町で、火災の激しい炎があたりを照らしている。火災の原因は、停電の中、暖をとるために使用していた七輪のようだった。本来であれば原因調査をするが、住民も火災発生と同時に避難したため、叶わない。

全面マスクを装着しての消火作業は、この時が初めてだった。職員が携帯するポケット線量計は絶え間なく鳴り続けている。それでも消火作業をしなくてはならない。

しかし……、

「水が、ない！」

本来、水で満たされているはずの最寄りの防火水槽に水がないことを確認した消防士が叫んだ。「どうしたらいいんだ」。現場にいた消防士の誰もが焦った。その一人、徳田《とくだ》哲也《てつや》(35・浪江消防署予防係兼警防第二係主査)は、「まさか、こんな時に……」と、焦りを感じた。「ピピピピピ」と鳴り続ける放射線量計の音。一刻も早く作業を終えて戻るべき状況だ。火は消さなくてはならない。やむを得ず、少し離れたところにある防火水槽からタンク車二台を使って交互に水を運び、届いたら放水するという方法をとることになった。通常の消火活動よりも、時間を要する。汗で全面マスクが曇り、次第に息苦しくなる。全面マスクでの作業がどれほど困難か、消防士たちは初めて経験した。

ホースを持ち、筒先員として放水していた鈴木《すずき》達也《たつや》(39・浪江消防署予防係主査)は、全面マスクのせいなのか、睡眠不足のせいなのか、めまいと息苦しさに襲われていた。消火活動をしていた隊員もみな、立っているのも苦しそうだったため、火災現場の牛小屋にあったトタンを道路に並べ、「次の水が来るまで、この上で横になれ」と居場所を作った。原発が爆発したあとの路上に、直《じか》に寝転がるのはためらわれた。

安藤《あんどう》哲寛《あきひろ》(25・浪江消防署予防係兼警防第一係)も、全面マスクでの消火活動中、ホースにつまずいて転んだり、用水路に足をとられたり、慣れない重装備で動きまわることに苦労した。徳田は、全面マスクの曇りをぬぐうためにも、活動中に何度かマスクを外さざるを得なかった。当然、内部被ばくのリスクは念頭にあったが、消火活動中に酸欠で倒れるか、被ばくするか、という選択を迫られるのだ。

一号機が爆発して二度目の夜に発生した火災が消えたのは約六時間後、空が白み、朝を迎えてからだった。職員は、みな疲弊し切って現場をあとにした。通常であれば、地元の消防団が消火活動を手助けしてくれるが、その消防団も、住民も、すでにいなくなっていた。

取り残された人々

ちょうどこの火災の頃、大川原禎人《おおかわらよしと》(20・浪江消防署葛尾出張所)は、寝たきりの高齢者が避難できずに取り残されているという通報を受け、役場職員とともに浪江町内に迎えに行った。「メルトダウン」という言葉を聞いていたため、「ああ、もう双葉郡はダメなのかもしれない」という不安と恐怖の中、搬送に向かった。高齢者を搬送しながら、「こういう社会的に弱い立場の人々が、最後まで残ってしまう」と大川原は思っていた。

自宅介護の高齢者は、どうしても避難が遅れてしまっていた。大川原のように、避難搬送のために何度も双葉消防から職員が向かったが、川内村から浜通りに出るまでには、通常でも片道約一時間を要する。地震の影響で道路事情が悪く、この頃はそれ以上の時間がかかった。浜通りの要救助者・傷病者のもとへたどり着いたあと、今度は川内村を通り過ぎて、郡山市や福島市の病院に搬送するケースが多かったが、通常でも二時間ほどかかる道のりだ。この頃の救急隊は、一度搬送のために出動したら、数時間は帰署できないのが当たり前のようになっていた。

浪江町からの要請で、寝たきりの男性とその家族を自宅に迎えに行った渡部真宏は、川内村から出動し現場に到着したものの、本人から「避難はしない」と拒否されてしまった。やむなく、いったん津島の避難所でスクリーニングをしてから葛尾出張所に戻ると、「やっぱりその人を説得して、病院に搬送してほしい」と言われた。

再び一時間ほどかけて浪江町に向かったが、今度は男性の搬送先が見つからなかった。南相馬市へは国道六号が寸断されていて搬送できない。原発のある南側へは行けない。とりあえず、川内村の診療所「ゆふね」にお願いしようと葛尾村経由で向かったが、今度は「ゆふね」で「ちゃんとしたところでスクリーニングを受けてきてほしい」と言われてしまう。

また山を下り、大熊町のオフサイトセンターへスクリーニングを受けに戻った。そのあと、もう一度川内村の「ゆふね」に戻るために確認の電話をすると、今度は診療時間が終わり、収容できなかった。この搬送のために、渡部たちの救急隊は山から浜通りまで三回往復し、九時間も救急車に乗り続けていた。その後、この高齢の男性は郡山市の病院へと搬送されることになるが、さすがに他のチームが搬送を引き継いだ。

情報を一元的に集約するはずのオフサイトセンターは混乱状態で、誰ひとり、情報を正確に把握し、的確な指示を出せる状況になかった。

この日の夜から、東京電力福島第一原発の現場は不眠不休の総動員だったこともあり、長期戦を覚悟して二交代制に切り替わっている。双葉消防本部も不眠不休だったが、職員は一二五名しかおらず、二交代制になるのは、まだ先の話だ。

4

3号機爆発

3月14日

熊川から捉えた3号機爆発

首都圏では計画停電

三月一四日の早朝から、東京電力管内の電力供給不足に対応するため「輪番計画停電」が始まった。朝五時には枝野《えだの》幸男《ゆきお》官房長官が会見を開き、「徹底した節電」を呼びかけている。首都圏のＪＲ、私鉄各線は停電にともなう運休で大混乱し、ある駅ではバス乗り場に数百メートルの行列ができていた。道路の信号機もとまり、主要な交差点では警察が手信号を行なっていた。首都交通機能は麻痺《まひ》したうえ、一一日からの余震は、東日本全域で頻発していた。スーパーやコンビニでは、食品を中心とした商品の品薄状態が続いていた。

一方、東電テレビ会議の記録では、深刻な状況が続いていることが伝わる。午前六時二四分、三号機の炉水位が下がりすぎて測定できないことに気がついた福島第一原子力発電所の吉田昌郎所長は、「そこ(三号機付近)にいると危ないかもしれないな」と発言し、六時四二分には、三号機の格納容器圧力が異常なほど上昇し、現場にいる東電社員と関連企業社員にはいったん安全確保のために退避命令が出ている。

ドライベント(放射性ヨウ素を水に通さないまま放出する)が検討され、もし、ドライベントを実施するなら、大量の放射性物質が空気中に拡散されるため、避難指示区域を拡大しなくてはならないという焦りのにじみ出た会話も記録されている。もし実施した場合、原発北側二〇キロの地点で、三時間で二五〇ミリシーベルトの被ばくが考えられていた。最大ポイントは二・二キロ地点(原発の敷地境界付近)で五七〇〇ミリシーベルトという予測も出ていた。

三号機爆発のとき

双葉消防本部には朝八時二五分、東電から水槽貸し出しの要請があった。冷却水をためるためで、消防には火災に備え四トンの簡易水槽が用意されている。一二日からオフサイトセンターに詰めていた鈴木直人と宮林晋がその対応にあたることになった。福島第一原発では、とにかく水を求めていた。鈴木は富岡消防署へ、宮林は浪江消防署へと向かった。

閉鎖され、無人となっていた富岡消防署に到着した鈴木が簡易水槽を準備していたところへ、男性が一人でやってきた。避難したはずの住民だ。「ガソリンがなくなって避難できないから助けてほしい」。ガソリンスタンドの店主も当然避難したため、給油ができない。鈴木は、東電への水槽の引き渡しが終わったら迎えに行くと約束をした。

任務を終え、男性と待ち合わせた場所へ行くと、「近くにも、避難をしていない家があるから一緒に来てほしい」と男性は言った。そこへ向かうと、老夫婦が避難をせずとどまっていた。

鈴木は、「避難指示が出ているから、避難しましょう」と説得した。老夫婦は、避難の是非をめぐり、ケンカをしていた。

その時だった。

甲高い破裂音がし、風圧なのか、「ズドン」と身体が揺れた。鈴木はハッとし、即座に原発の次の爆発だと察知した。

「今の、わかりますね。原発の爆発ですよ。避難しましょう」

一一時一分。再び原発が爆発した。老夫婦はとどまることをあきらめ、三人は老夫婦の車で避難していった。

もしかしたら、まだ残っている住民がいるのではないかと鈴木は考え、富岡町の夜ノ森方面を巡回した。すると、親子連れ四人が歩いているのが見えた。鈴木は驚いた。原発が二度爆発したあとの、一〇キロも離れていない隣町だ。

「何をしているんですか？」と問いかけると、「何が起きていて、どこへ避難すればいいのかわからない」と男性が言った。「避難しましょう」と伝え、家族四人を車に乗せると、出張所のある川内村へと向かった。ルームミラー越しに母と子の姿が見える。鈴木は自分の家族を重ね、その安否を案じていた。

同じ頃、浪江消防署に向かった宮林も、その途中で人が歩いているのを確認し、声をかけた。「どうしたんですか?」と聞くと、その男性は「避難したいけどできない」と言う。「津島(浪江町が避難している地区)まで連れていきますよ」と、車に乗せた。

宮林は水槽を準備して、男性と一緒に浪江消防署で待機していた。東電関係者が水槽を取りに来るはずだった。なかなか来ないな、と思っていたその時、無線が入る。

「緊急、緊急! 今すぐ浪江から出ろ! 一〇キロ圏内から離れろ!」

二度目の爆発だ、と宮林もすぐに察知した。男性と一緒に車に飛び乗ると、全速力で津島地区へと向かった。ポケット線量計は、連続して鳴り続けていた。

津島の避難所に男性を連れていき、宮林は、そのまま葛尾出張所に向かった。

「爆発したの?」

到着し、迎えてくれた職員に聞くと、

「爆発しました。世紀末みたいになっていますよ……」

と答えが返ってきた。

「とりあえず食べ物をくれ」と頼み、おにぎりを食べた。「いま、本部機能はどこにあるの?」「川内出張所だよ」。宮林は、地震の翌朝に向かったオフサイトセンターから一度も外へ出ていない。通信網が遮断され、情報から隔離されていたため、浪江消防署、富岡消防署、楢葉分署が閉鎖されたことも、双葉消防の本部機能が川内出張所に移転したことも、このとき初めて知った。

熊川から見えたキノコ雲

一方、志賀隆充と遠藤朗生、大山圭介《おおやまけいすけ》(23・富岡消防署川内出張所救急係)ら四人の職員は、八時八分に第一原発構内で活動する自衛隊車両への給水要請を受け、まずはオフサイトセンターへと向かった。前日、遠藤や岡本が行なった作業と同じく、三号機付近での給水活動だと思っていたが、この日は自衛隊が一〇トン車を七台準備して現場に来ていた。そして、自衛隊員が「今日は私たちが現場へ行きます」と言った。確かに、双葉消防の六トン車一台では焼け石に水だった。

「よろしくお願いします」と敬礼をして別れると、遠藤と志賀は近くの熊川の滑津《なめづ》橋《ばし》で、自衛隊の一〇トン車のタンクがカラになったらすぐに給水できるよう待機していた。

その時だった。空気が破裂したような「パン！」という乾いた音がして、数秒後に「ゴーッ」という地響きが聞こえた。ふと空を見上げると、原発方向にキノコ雲が立ちのぼった。

タイベックスーツを二枚重ねに着て、一枚目の胸ポケットに携帯を入れていた志賀は、目張りで覆われたスーツを咄嗟に首元で引きちぎり、素早く携帯電話を取り出すと、キノコ雲の写真を撮った。

遠藤は「爆発音！　キノコ雲発生！」とすぐに無線を入れたが、二〇キロ離れた川内村の本部は、信じがたい様子だった。

大山はキノコ雲を見て、慌てて物陰に隠れた。怖くて、逃げたいと思っていた。無線から「撤退しろ！」という声が聞こえていた。

この時、ほんの少し前にオフサイトセンターで言葉を交わした自衛隊員四名と、東電社員・関連企業社員七名が爆発にあい、現場で負傷している。もしあのまま現場へ行っていれば、巻き込まれたのは自分たちだった。しかも前日には、遠藤を含めた五人の職員がその現場にいたのだ。

老夫婦搬送中の爆発

新妻健治は、足が悪く自力で歩けない老夫婦がまだ避難していないという情報を受け、職員と二人でその家へと向かった。訪問すると、老夫婦は、原発事故のことも、避難指示が出ていることも知らなかった。「防災無線でしきりに避難を呼びかけていましたよ」と言うと、「聞こえなかった」とのこと。役場の人も行政区の人も誰も来ていない。情報が届かず、取り残されていた。

男性は足が悪く、体格がよかったため、二人だけではどうにも搬送できそうにない。無線で応援要請をし、老夫婦の家の庭先で二時間ほど助けを待っていた。その間、お茶を出してもらったが、新妻は、どうしてもそれを飲めなかった。原発が爆発してから、何がどう飛び散っているのかわからない。口にするものにも慎重になった。

ようやく助けが来た。到着した岡本博之と安藤哲寛は、縁側で男性を受け渡される側に立った。人がいなくなった町には静けさが広がっていた。

そこへ、「ゴーッ」という音が鳴り響いた。

「今の音はなんだ？」「まさか爆発か？」。岡本がそう思った瞬間、無線から遠藤の「爆発音！」という声が飛び込んできた。

岡本はマットレスごと急いで男性を車に乗せ、女性に「ばあちゃん、いま、原発爆発しちゃったから、窓、このままでもいいかな！」と声をかけて、車に押し込むと、緊急走行で川内村へ向かった。

「どういう爆発の仕方をしたのか。ヤバいんじゃないのか」。昨日と同じような爆発か。それより深刻なものなのか。新妻にも、当然状況がわからない。とにかく一刻も早く遠くへ移動しなくてはならない。焦りだけがつのる。安藤は「キノコ雲」と聞き、原爆や核兵器を想起した。それが、数キロしか離れていない隣町で起きた。原子力に対する恐怖が改めて思い起こされた。無線からは、「緊急退避、急いで戻れ！」という声が響いていた。

緊急走行で川内村に帰る道中、逆方向、つまり原発方向へ走り去る車とすれ違ったのを安藤は覚えている。誰かを迎えに行くのか、荷物を取りに戻るのか。対向車に危険を知らせるために、赤色灯、サイレン、パッシング、クラクション、あらゆる合図を送りながら、老夫婦を連れて診療所「ゆふね」に向かった。

川内村の「ゆふね」では、渡邊淳也《わたなべじゅんや》(39・富岡消防署楢葉分署救急係主査)がスクリーニングを担当していた。三号機が爆発した時、何かを測定しているわけではないのに針が一万cpmまで振り切れた。つまり、空間のバックグラウンドがその数値まで跳ね上がったのだ。ちょうど川内村の村長が「ゆふね」にいたため、検知器の針を見せ、

「こういう感じなので、避難したほうがいいですよ」と伝えた。渡邊は、その数値を印象深く覚えている。

坂本広喜は、この日の朝、県立大野病院(大熊町)から診療所「ゆふね」に避難していた入院患者を、福島県立医大へ搬送した。「ゆふね」にいた医師と看護師も一緒だった。到着したのは、一一時すぎ。

患者を引き渡した時に、県立医大の職員から、

「また、第一原発で爆発したぞ。帰らないほうがいいんじゃないか」

と、三号機の爆発を伝えられた。坂本は驚き、「ゆふね」から同乗していた医師と看護師に「こちら(福島市)に残ったほうがいいんじゃないですか」と勧めた。医師は即座にその提案に応じ救急車から降りたが、看護師は「戻る」と言う。坂本たちは看護師を説得し、結局二人とも福島市に残して出発した。

テレビを見ることなく搬送し続けていた坂本ら救急隊の面々は、せめて爆発の正確な情報を得ようと、福島県立医大の近くにある福島消防署の分署に立ち寄った。職員に状況を説明し、テレビを見せてもらうと、ちょうど三号機の爆発映像を放送していた。坂本は愕然《がくぜん》とした。「どこまで避難指示が拡大していくのか。もしかしたら福島

県を越えてしまうのではないか」という思いが襲った。

同乗していた磯部《いそべ》晋也《しんや》(28・富岡消防署楢葉分署予防係主査)は、原発から約二〇キロの川内出張所にいる時よりも、六〇キロ離れた郡山市内にいる時のほうがポケット線量計の鳴る頻度が高いことを感じていた。「中通りのほうが鳴る頻度が高まっていた」と証言する職員は多い。中通りに出ると、窓を開けて換気をしていたのだが、果たしてそれが正しかったのか、磯部は疑問に思っている。

坂本は、原発から六〇キロほど離れた郡山市の役場に勤める友人から、「ここも放射線量が高く、もしかしたら避難になるかもしれないが、話し合っているところだ」という状況も電話で聞いていた。被害はどこまで拡大するのか、誰にもわからなかった。

避難判断の「温度差」

三号機爆発を知らせる「爆発音!」「撤退! 撤退!」という途切れ途切れの無線を、横山典生と関貫一郎は救急搬送中の車内で聞いた。川内村から患者と医師、看護師を乗せて二本松市の枡《ます》記念病院へと搬送している途中のことだ。「ヤバくねぇか……」。朝、原発冷却水の給水活動をするために出動する四人の職員を、無事を祈りながら見送った関は、涙をこらえながら運転していた。

その無線の声は、同乗している患者と医師、看護師も聞いていた。搬送先の枡記念病院に到着し、患者を病院側に引き渡すと、横山は「僕らは川内出張所に戻るけれど、先生がたはどうされますか？」と尋ねた。すると、医師は「電話を貸してください」と言い、川内村の診療所に連絡をとり始めた。電話をかけ終え、「郡山市内で降ろしてほしい」と言った。

一方、看護師は、「仲間がいる川内まで戻ります」と言った。川内村の診療所「ゆふね」には、富岡町の今村病院、富岡中央医院、大熊町の大野病院の医師と看護師チームが滞在していたが、原発の一号機と三号機が爆発したことを受け、解散するようだった。川内村にもこの日のうちに屋内退避指示が出ていた。

医師を郡山市内で降ろし、川内村へと向かう途中で看護師が切り出した。「大熊町まで乗せてもらえないでしょうか。車を置いたままなんです」。しかし、他の原子炉も危険な状況の中、消防が住民を避難指示の出た地域へ連れていくわけにはいかない。丁寧に断り、川内村の診療所で看護師を降ろした。

横山は、原発の爆発に対する人々の捉え方に「温度差」を感じていた。この頃から一人一人の危機感にズレがあった。このあと、翌一五日には、川内村にも避難指示が出され、この看護師を含めたすべての人々が、郡山市やおのおの選んだ先へと避難していくことになる。

だが、双葉郡内では、高齢者施設の入所者や病院の入院患者の避難が終わっていなかった。

朝一〇時、浪江町にある特別養護老人ホーム「オンフール双葉」から、救助要請があった。南相馬市にある相双《そうそう》保健福祉事務所に入所者を搬送してほしい、というもので、保健所に行けば、搬送先の病院が決まっているという話だった。松本孝一らの救急隊は入所者二名を乗せ、南相馬市へと向かった。実は、松本たちが「オンフール双葉」に向かっている頃、三号機が爆発していたが、松本たちには情報が伝わっていなかった。

相双保健所に到着すると、聞いていた話とは異なり搬送先の病院が決まっていなかった。急いで受け入れ先を探し、一人を南相馬市立総合病院に送り届けることができた。あともう一人の搬送先を探す。本部との連絡がとれないため、いったん出動してしまうと、現場判断で収容可能な病院を探し出すしかない状態だった。

ちょうどその時、自衛隊のバスが保健所を訪れていた。中には、たくさんの傷病者が乗っていた。のちに松本は、あの時のバスは、双葉病院からいわき市の光洋高校に患者を移送した自衛隊バスだったのか、と思い出すことになる。そのバスは、通常なら国道六号を一時間ほど南下すれば到着するいわき市まで、原発を大きく迂回する形で向かい、一〇時間にわたる搬送となったため、翌一五日午前三時までに患者一二名が亡くなったことが大きく報道された。

ようやく電話がつながり、もう一人の受け入れ先が見つかった。二本松市の枡記念病院だった。松本たちは、南相馬市から西に向かい、飯舘村《いいたてむら》、川俣町を経由して、二本松市まで搬送した。

郡山市の病院に患者を搬送した金澤文男と渡邉淳也は、乗っていた救急車の酸素ボンベがなくなってしまったため、田村市の消防署で借りようと、交渉のため立ち寄った。

田村消防の消防士たちは、快く貸してくれた。ふと、「あんたら、テレビ見てないの？」と言い、「原発が爆発したよ」と教えられた。「あんたら、あっちには行くなよ」。

「あっち」とは、原発方向、双葉郡のことだった。

金澤が本部に電話をして確認すると、原発は確かに爆発をしていた。そして、「川内出張所に戻ってこい」と言われた。

被ばくをともなう救急搬送

三号機の爆発で負傷した自衛隊員や東電関係者の救急搬送にも、双葉消防から数隊の救急隊が出動している。

「富樫くん、1F《イチエフ》(福島第一原子力発電所)の爆発で怪我人の救急搬送要請が来ているから、行ってくれるか」

川内出張所で待機していた富樫正明は、上司からのその言葉に反射的に「はい」と答えた。すると、「バナナでも食え」とバナナを差し出された。そのバナナを食べている間に、アノラックスーツなど防護服一式が用意され、富樫がそれを装着すると、全面マスクに内部被ばくを避けるための目張りをされた。

富樫は一年前に結婚したばかりだった。「それなのに俺は行かなくてはならないのか……」と思った。一号機、三号機が爆発した第一原発へと向かうことは、「死」に向かっているのと同じだった。この原発事故で、富樫はすでに何度か死んだような気がしていた。

一隊三名で、川内出張所から二〇キロ離れた原発の正門に到着すると、黒煙が上がる恐ろしい光景が目に入った。一カ月前に研修で「事故は起きません」と言われたばかりだ。ポケット線量計は鳴り続ける。構内の免震重要棟前の広い駐車場は、大破した車両や瓦礫で覆われていた。その一つ一つが、まるで地雷のようだ。どの瓦礫が高濃度に汚染されたものなのか、見ただけではわからない。

富樫たちは、ここで数十分待機させられた。負傷者の除染と応急処置が終わっていないとの理由だった。免震重要棟のコンクリートの内側は、放射線が遮蔽《しゃへい》されていて線量が低いかもしれないが、富樫たちが待機させられている外側は高線量区域だ。そもそも東京電力からは、現場の空間線量も、負傷者の怪我の程度や被ばく状況の報告も、本来、搬送者が知らされておくべき情報は何も来ていなかった。

しばらくすると、三名の負傷者が救急車に乗り込んだ。彼らの怪我は骨折と打撲だった。

いったん原発構内を出て、五キロ離れたオフサイトセンターに搬送する。オフサイトセンターで負傷者を送り届ける病院を決めてもらい出発するはずだったが、行き先がなかなか決まらない。搬送するはずだった病院自体が避難している。また、避難区域外にある病院においても、被ばくした人に対する医療の受け入れ態勢は整っていなかった。オフサイトセンターに派遣されていた放射線医学総合研究所(放医研)の職員も、電波状況の悪いなか、衛星電話を使って県内外のいくつもの病院にあたってくれていたが、受け入れを断られていた。

結局、富樫たちが救急車に乗せてきた負傷者三名は、産業医のいる第二原発へと移送することになった。第二原発はオフサイトセンターから一〇キロほど南にある。再び屋外に出ての搬送は、放射線量の高い空間を移動することであり、つまり、被ばくにさらされることを意味している。第二原発への道も、亀裂や段差があったため迂回や慎重な運転が必要であり、通常よりも多く時間がかかった。高線量区域での活動は、気持ちが焦るばかりだった。

第二原発に到着すると、富樫たちはとんぼ返りで第一原発へ二名の負傷者を迎えに行き、第二原発へと運んだ。三度目は、すでにオフサイトセンターに搬送されていた負傷者二名の移送だった。搬送先は福島市の福島県立医大。今度は六〇キロほどの移動だ。

「やっとの思いで福島県立医大に到着すると、医師から『二人も診られないですよ』と、にべもなく言われてしまう。ここも、被ばく患者を受け入れる準備が整っていなかった。では残る一名をどうすればいいのか、と困り果てていると、ぎりぎりのところで、自衛隊のヘリで千葉市の放医研へ連れていくことに決まった。

負傷者を自衛隊に引き渡し、福島県立医大から川内出張所へと帰る途中で、富樫はふいにめまいと息苦しさを感じた。飲まず食わずのうえに睡眠もとれていない。富樫は救急車の中で、目張りの施された全面マスクをすべて外し、深呼吸をした。一連の任務には六時間以上を要し、精神的なダメージも大きかった。


葛尾出張所からも、一隊三名がこの三号機の爆発にともなう第一原発構内への救急搬送に出動している。それを見送った渡部真宏には忘れられない光景がある。渡部も他の職員も、出動する三名の防護装備を手伝った。誰も、一言も発しなかった。いざ出発というとき、車に乗り込んだ松野《まつの》真一《しんいち》(43・富岡消防署救急係主査)が、

「今まで、ありがとうね」

と言い、渡部に手を差し出した。もう戻れないと覚悟していたのだろう。「あの時は、そういう言葉が自然に出てきてしまう、そんな現場だったんですよ」と渡部は思い返す。「つまり、特攻、ですよね」と言った。

松野は、「家族にも会えないままなのか……」という気持ちで、現場に向かった。携帯電話を持って出動していなかったことを後悔した。家族とは、地震発生から一度

も連絡がとれていなかった。妻、小学二年生と四歳の子どもたち、そして母親が、無事に生きているのかどうかも、わからずにいた。

車内ではみな、無言だった。松野は、最低限の活動指示は伝えたが、声をかけづらかった。同乗していた猪狩拓也は、危険であることも被ばくすることもわかっていたが、巻き込まれて怪我をすることはないだろう、と信じた。

この時の記憶は、ぽっかりと抜け落ちているほど、松野は緊張状態のままだった。国道二八八号でオフサイトセンターへ向かい、その後、第一原発構内に入った。正門から免震重要棟への道筋に瓦礫の山がたくさんあり、それをすり抜けていったことは覚えている。

怪我をした東電社員を第二原発の産業医に引き渡すが、表面汚染の度合いが高く、さらに骨折もしていたため、他の病院で診てもらうことになった。受け入れ先が決まるまで第二原発の屋内で待機することになった。第二原発の職員は、第一原発よりも少し余裕がある雰囲気で、「2F《ニエフ》(第二原発)は大丈夫なのかな」と松野は思った。第二原発も非常用冷却機能を喪失、半径一〇キロ圏内に避難指示が出ていた。このあと四～五時間も待たされたが、いっこうに病院は決まらなかった。

ちょうど待機中に、第二原発から一二キロほど北上したところにあるオフサイトセンターで急病人が出た。なかなか搬送先が決まらない患者を、あとから来る隊に託し、松野と猪狩はオフサイトセンターに向かった。具合が悪くなった人は、偶然、松野の知り合いで、脳疾患の疑いがあった。その人を連れ、郡山市の病院へと向かった。

一六時四六分。取り残された高齢者のため再び「オンフール双葉」から来た搬送要請。出動命令が出た松林俊樹は、「もう自分は死ぬかもしれない」と思った。数時間前に、三号機の爆発の映像を見たばかりだ。他の原子炉の状況もわからない。行きたくないと思ったが、命令があれば行くしかない。

「オンフール双葉」は、祖父も利用していた。祖父がいるのなら行くべきだ、と何度も自分に言い聞かせ、出動した。しかし、一時間ほどかけて現場に到着したときには、自衛隊のバスでの搬送が決まっていて、消防の役割はなかった。

そうした「空振り」は何度もあった。救助を求める側は、誰でもいいから助けてほしい、避難させてほしい、と必死の思いで通報し、松林のように、救助する側も決死の覚悟で向かうのだが、出動が不要になったとの連絡はほとんどなかった。

松本剛幸《まつもとたけゆき》(23・富岡消防署楢葉分署警防係)もまた、富岡町の桜通りまで、高齢の夫婦を搬送するために全面マスクをし、救急車に乗って向かった。夫婦には避難する足がなかったため、自宅に取り残されていた。原発が爆発した町に下りるのは、やはり恐怖心があった。川内村から富岡町までは、通常でも一時間はかかる。運転中は全面マスクを外したくなるほど、松本は頭が痛かった。

オフサイトセンター撤退

一一日、一二日からオフサイトセンターに詰めていた宮林晋と鈴木直人が、東電から要請のあった「水槽貸し出し」の任務のために、一四日の朝オフサイトセンターを出るのと入れ替わる形で、昼過ぎからは志賀隆充と佐藤圭太がオフサイトセンターに入り、活動していた。一四日の午後は、三号機爆発の負傷者の対応でオフサイトセンター内は混乱していた。志賀は、富樫の隊や松野の隊に、傷病者二人を、「頼むな」と引き渡した。

二〇時四〇分、関係機関トップの緊急会議が開かれた。この会議で、オフサイトセンター撤退が決定され、その後、それぞれの組織が撤退に向けて慌ただしく移動していく。その会議には地震発生初日から派遣されていた消防課長が参加した。オフサイトセンターはこの頃、外では毎時七〇〇～八〇〇マイクロシーベルト、室内でも毎時一〇～数十マイクロシーベルトにまで放射線量が上がっていた。

二号機の危機的状況が進行していた。これまでの一号機・三号機の爆発よりもいっそう深刻な状況で、格納容器が損傷することも考えられていた。東電会議では、二〇時二二分にメルトダウン、二二時二二分に原子炉格納容器損傷、という想定時刻も確認されている。一号機・三号機とは比べものにならない被害が想定されていた。

内堀《うちぼり》雅雄《まさお》福島県副知事（二〇一四年に県知事となり、二〇一八年再選される）が最初にオフサイトセンターを出ていった。福島県庁にオフサイトセンターを移転するため、内堀副知事は先遣隊として先に県庁へ行くよう、池田《いけだ》元久《もとひさ》経産副大臣から指示を受けていた。その後、経済産業省の職員、自衛隊職員らが、車やバスでどんどん出発していった。池田経産副大臣は、「二号機が非常に危ない状況にあり、オフサイトセンターが原発から五キロという近傍であったために移転した」と、政府事故調のヒアリングで回答している。また、このとき先遣隊以外の一〇〇名ほどが残るはずだったが、翌朝までには五〇名ほどに減っていたという証言もある。

二一時二二分。会議を終えた課長が「緊急事態発生」と消防に無線を入れた。課長の声は震えていた。「オフサイトセンターは全機能を停止し、撤退します」。

多くの職員がハッとして無線に耳を傾けていた。課長の声が、嗚咽《おえつ》に変わった。

「どういうことだ。詳細を報告しろ」と消防長が無線の向こうで問いかけた。「状況を報告しろ。対応できない」。

「……そんなことを言っていられる状況じゃないんです」。普段、冷静沈着な課長が、そう強く言い放ったことを、志賀は印象深く覚えている。

志賀と佐藤は、課長と素早く撤収作業を行ない、車に乗り込んだ。オフサイトセンターの中にはほとんど人影はなかった。課長は、出る間際に、放射能汚染のために没収された防火衣を取りに戻った。防火衣がなければ、消火活動はできない。

志賀の頭の中は「?」でいっぱいだった。確かにオフサイトセンターは機能していなかったが、関係機関を集めた原発事故対応の中枢機関である。散り散りになったらどうするのか。二号機がこれまでの爆発よりも深刻なことになっている、という話は聞いたが、もう絶望的な状況なのだろうか。オフサイトセンターは、原発から約五キロの距離にある。周辺の地域は、もう人がいてはいけないほどの状況なのか。

全面マスクをしたまま車に四人も乗ると、メガネのレンズが曇るほど湿度が上がった。佐藤は視界を確保するために手でぬぐった。ぬぐった先で、無線で報告した課長は泣いていた。

川内出張所に着くと、課長は消防長に報告に行った。

帰署した志賀も、「どうしてオフサイトセンター撤退なの?」と職員に聞かれた。

しかし、誰とも話をしたくないほど気持ちが沈んでいた。

志賀は、事務所から出て、外に停めてあった連絡車に乗り、東のイチエフ方向を見ながらぼーっとしていた。いつ、もう一つの原発は爆発するんだろう。いつ、この世の終わりが来るんだろう。そんな気持ちで、朝になるまで空を凝視しながら起きていた。

志賀は、このあとも地震発生から八日間、ほとんど眠らないまま、活動を続ける。

この頃、富樫は、福島県立医大から川内出張所へ帰る途中の県道三九九号で、猛スピードで駆け抜ける黒いクラウン数台とすれ違っている。要人が乗った車だということは容易に想像できた。黒いクラウンは福島方面へ、しかし、自分たちは原発方向へと進んでいる。すぐにUターンして自分も逃げたい衝動にかられた。おそらくそれは、オフサイトセンターから撤退する人々だったのではないか、と富樫は思い返している。

5

「さよなら会議」

3月15日

通路での休息(川内出張所)

撤退か、搬送か

一四日の二一時すぎ、金澤文男・新妻雅人ら三人の隊は、松野たちのあとを引き継ぐ形で、第二原発に搬送されていた東電社員を病院へ移送するために、川内出張所から第二原発を目指した。

ちょうど第二原発に到着した時だった。「原発がまた危ないという情報があるから、今すぐ戻ってこい!」という無線が入った。

今度は二号機の危機が迫っていた。その頃の東電テレビ会議では「作業員の退避基準を考えなくては」と話す記録があり、つまり、それほど原発には絶望的な危険が迫っていた。政府事故調査委員会ヒアリング記録でも、吉田昌郎所長が「一番思い出したくないところ」「ここで本当に死んだと思った」「チェルノブイリ級ではなくて、チャイナシンドロームではないですけれども、ああいう状況になってしまう」とすら回顧している局面だ。しかし、当時、双葉消防には、何号機がどういった状況であるという詳細な情報を得る術はなかった。

しかし、危険が迫っているということは無線でわかる。新妻は恐怖で感覚が麻痺し、

「映画の中にいるみたいだ」と思っていた。負傷者がいるのに「逃げろ」と言われることなど、通常、起きないことだ。金澤は迷った。待機している二重扉の向こうには、搬送を待つ負傷者がいる。一方で、部下の命、部下の家族のことを思った。イチエフで何かあれば部下を巻き添えにしてしまう。一〇分。一五分。じりじりしながら患者の支度を待った。

ようやく搬送が可能になった。「戻れ」と言われた無線を聞きつつも、負傷者の搬送を選んだが、一つ間違えたら命が危なかった。金澤たちは、焦りを抑えつつ、急いで第二原発をあとにした。

負傷者は、入院が必要となるほどの重傷だったため、そこから約六〇キロ離れた郡山市の太田西ノ内病院へと向かった。放医研の人も同乗した。一時間以上かけて到着すると、負傷者の汚染が一〇万ｃｐｍを超えていたため、病院側が収容できないと言う。なんとか引き渡し治療してもらおうと、郡山市の開成山《かいせいざん》公園のスクリーニング場へ行き、患者の服を脱がせて身体を洗い、汚染度の高い毛髪を切った。夜も更《ふ》け、そろそろ日付が変わる頃だ。

この時、開成山公園には浜通りからの多くの避難者がいた。「双葉消防本部」という背のネームを見たのか、若い男性がふとこちらに近寄り、「お前らは装備しているけど、そんなのは意味ねぇ。俺らは仕事がないのに、お前らはあっていいな」と新妻に声をかけた。原発事故による急な避難で、苛立ちがあったのかもしれない。新妻は、その男性が立ち去るまで、すみません、すみません、と言い続けた。

若いなりに使命感を燃やし、住民を守りたい、助けたいと思いながら新妻は活動していた。原発構内から搬送中の出来事でもあり、その言葉はさすがにつらかった。金澤も同乗していた先輩も心配し、気遣ってくれた。長時間の搬送だったため、「次は、自分が運転を代わります」と言ったが、「大丈夫だよ」と励ましてくれた。

開成山のスクリーニング場で傷病者の除染をし、再び太田西ノ内病院に戻ったが、救急搬送口が開かず、路頭に迷ってしまった。太田西ノ内病院には、養生(保護)された処置室がなく、被ばくした患者の治療ができないという理由もあった。かといって、このままにはしておけない。困り果てていると、太田西ノ内病院の放射線技師から「福島県立医大はどうか」と提案された。幸い、先方から搬送許可が出た。

福島県立医大に行くためにインターチェンジへと向かうと、すでに夜中の二時をまわり、高速道路は封鎖されてしまっていた。やむなく、インターの入口で朝を待つことにした。

狭い救急車の中で仮眠をとり、一五日朝八時、ようやく福島県立医大に到着する。

この時の救急搬送はトータル一六時間に及んだ。帰署し、消防長から「ご苦労さん」と声をかけられた金澤は、思わず涙がこぼれた。

消防士は、過酷な環境や体力の限界はいくらでも経験している。滅多なことで泣きはしなかった。消防長は、金澤の涙にハッとし、よほどつらい搬送活動だったのだろう、と察した。

拡大する避難指示

一五日午前六時には、二号機の圧力抑制室で異変が生じ、建屋側面のパネルから大量の放射性物質が放出され、四号機も原子炉建屋が水素爆発を起こした。しかし、「二号機から大量の放射性物質放出」は、のちに検証されて報じられることであり、当時は誰も知らない。四号機では水素爆発後の九時三八分、火災が生じているが、一一時頃には自然鎮火している。

四日目にもなると、双葉消防本部にはとにかく食べ物がなかった。缶詰、レンジで温めるご飯、食パン、菓子パンなどをダンボール箱から出して食べていたが、次第にそれらの在庫も底をついた。双葉消防本部には一二五名の人間がいるのだ。

出動する職員に優先的に食事を回し、若手はカチカチになったおにぎりなどを食べていた。料理担当も若い職員だったが、工夫の仕様がないほど食材がなく、塩にぎりしか作れなかった。賞味期限の切れたいちご味の食パンを見つけ、「甘いものがあるぞ」と若手三〜四人で分けあって食べたこともある。

この日、佐藤圭太は四日ぶりに靴を脱いだ。ふくらはぎまである編上げ靴だ。出動時には放射線防護のために靴の上からビニールのカバーをつけるため、蒸れて仕方がなかった。脱ぐと、足が真っ白に水ぶくれになっていた。大和田洋陽は、毎日アルコール綿で足を拭いていたが、拭いても、同じ靴下を履くしかなかった。歯磨きはできたが、すべての職員はお風呂にも入れず、ヒゲも剃れず、伸びたままだ。伸びたヒゲの上からかぶる全面マスクは、気持ちが悪かった。

眠気と空腹と数日間戦い続け、松本剛幸は感覚がおかしくなってしまった。一四日を過ぎた頃から「眠い」と感じることがなくなっていた。松本が休んでいたのは、車庫にある大きなボンベの上だった。そこにブルーシートを敷き、防火衣を着て、寒さと戦いながら寝ていた。そもそも、ボンベの上は平らではない。しかし、そこしか場所がなく、仮眠をとろうとしても、眠れる環境ではなかった。

この頃、川内村に避難していた人々も、より遠くへ避難し始めていた。一四日に屋内退避指示が出ていた川内村には、翌一五日に全村民に避難指示が出た。川内出張所も避難区域となってしまい、仮眠の時間には職員の間でもその話になった。双葉消防も川内出張所より遠くへと移転しなくてはならないのではないか、という話や、「一〇〇キロ圏内がヤバい」という噂もあった。川内村の診療所にいた医師や看護師も一人、また一人と減っていった。

避難していくおばあさんが「少しでごめんね」と言いながら、せんべい二枚、みかん一個を差し入れてくれたのを志賀隆充は覚えている。どこもかしこも物流が止まり、食料が足りていなかった時期だ。「いつ、この世の終わりが来るのか」とすら思っていた志賀は、その女性の気持ちに、心が温まった。

石川俊勝は、どんどん住民がいなくなっていく川内村で、「誰もいなくなってしまうところにいるのもなぁ……」と不安に思っていた。消防士になってまだ三年ほどの石川もまた、原子力災害の研修を受けたときの教本をパラパラとめくり、確認を繰り返した。被ばくしていたとしても、目に見えて悪くなるわけではない。

オフサイトセンターが撤退し、川内村の住民もいなくなる。藤田大治は、「じゃあ、俺たちはいつまでここにいるんだ？」と考えていた。自分たちが残る意味はあるのか。できることなら、ここから離れたい。ようやく連絡がとれた家族は、関東方面に避難していた。

川内村に避難指示が出たことで、川内村村立診療所「ゆふね」の患者の搬送が必要になっていた。研修中でありながらいきなり過酷な現場に放り込まれた石井俊久は、先輩が運転する役場のバスに二〇人ほどの患者を乗せ、福島市の赤十字病院へと搬送に向かった。中通りに出たところで、持っていた携帯電話に立て続けにメールが入った。地元の友人、救急救命士の資格を取った時の郡山の友人、そして、つい先日まで一緒だった消防学校の仲間。「大丈夫か」という心配のメールをさっと一読したが、勤務中のため返信はできない。

赤十字病院に到着すると、「スクリーニングはしましたか」と聞かれた。双葉郡内ではスクリーニングをしていたが、出てからはしていなかった。そのため、二本松市でスクリーニングを受けることになった。

到着すると、バスに二〇人近く乗せていたため、「事前の連絡がない」と少しもめた。しかし、当時は衛星電話以外の通信機器が使えず、「とりあえず行くしかない」という状況が続いていた。しばらく待たされ、スクリーニングの許可が出て、ようやく人々を赤十字病院に送り届けることができた。

衛星電話と家族の安否

衛星電話を使い、一人三〇秒という約束で家族の無事を確認する通信許可が出た。職員は、並んで順番に電話をかけたが、それでも連絡がつかない者もいた。

木下佳祐は、福島県本宮《もとみや》市の実家に連絡をとった。妻が避難しているとすれば、そこだと思った。

電話をすると、父が出た。そして思った通り、妻は木下の実家に避難していた。しかし、そのあとに続いた言葉に驚き、絶句した。

「具合が悪いっていうから病院に連れていったら、妊娠していたぞ」

避難中につわりが始まったのだ。まさか、このタイミングで妻の妊娠を知るとは思わなかった。木下は、「本当に、こんなことが起こるのか……」と驚き、そして、「これは絶対に死んではならないな」と思った。

岡本博之の家族は山形県に避難していた。妻と子どもたちの無事を確認し、ほっとしたが、母親は電話口で泣いていた。岡本の放射線被ばくの影響を心配していた。

渡邉正裕の家族は、妻の親戚がいる栃木県に避難していた。家族全員が元気な様子を確認すると、すぐに切った。あとがつかえていた。その電話が最後の会話になるかもしれないと渡邉は思っていた。

横山典生は、看護師の妻と連絡がついた。勤務先の双葉厚生病院から子ども三人を連れ避難した妻は、川俣町で看護師として活動していた。看護師の仲間たちと交代で面倒をみているようだったが、翌日の飛行機に子どもたちを乗せて、熊本県にいる妻の両親に預かってもらうことになっていると言う。妻が勤務している双葉厚生病院はどうなっているのか、聞くこともできないまま、次の人へ電話を渡した。横山も、これが最後かもしれない「さよなら」の電話だと感じていた。

笹田丞の娘は、二週間前に生まれたばかりだった。産後間もない妻のために、妻の母親が福岡から手伝いに来てくれていた。この日、衛星電話でようやく妻の携帯に電話がつながり、「今、どこ?」と聞くと、「札幌」という答えが返ってきた。妻は、涙声だった。

妻の実家があるのは福岡県だ。なぜ? と聞くと、妻は福島空港から、とにかく乗れる飛行機に乗ったのだと言った。伊丹《いたみ》空港行きか札幌行きかの二択。しかし札幌行きにしか空席がなかった。その便に乗り札幌に着いて、空港のホテルでようやくお風呂に入ったところへの電話だった。妻は、娘と妻の母と、翌日福岡に向かうことになっていた。笹田は、子どもの無事と、妻がどこにいるかを心配していたため、それだけでもほっとした。

妻は言った。「私は、赤ちゃん抱えて、トレーナーとジャージ姿に、ゴミ袋に貴重品を入れていて……。でも、札幌ではみんな普通の服装をして、普通の生活をしているの」。

新妻健治は、この日まで富岡高校の体育館に避難していた住民を、郡山市の避難所の複合施設ビッグパレットふくしま(福島県産業交流館)へ搬送した帰り道、田村市船引の体育館にいる自分の家族の様子を見に立ち寄りたいと上司に願い出た。「いいよ」と言われ、携帯電話のつながる郡山市から「少し寄るわ」と妻に連絡をした。

妻は、入口のところで上の娘と待っていた。事故後、初めて家族の顔を見た。体育館には知り合いや近所の人も避難していて、「様子はどう?」と話しかけてきた。新妻の住む大熊町には原発で働いている人が多く、下請けの人も避難していた。

新妻は「放射線量も上がってきているし、状況はあまりよくない。俺も汚染されているかもしれない」と伝えた。妻には「もしかしたらここ(田村市船引の体育館)も危ないんじゃないか」と話し、会津《あいづ》坂下《ばんげ》町《まち》の親戚に連絡をとるように伝えた。

その時、下の娘が体育館から飛び出し、「パパ!」と言いながら新妻のほうに駆け寄って飛びつこうとした。「触るな!」思わず反射的に娘を振り払った。自分の表面汚染が気になった。突き飛ばされ、泣き出した娘を見て、新妻も泣いた。抱きかかえてあげることもできない。

「ママやばーちゃんを頼むね。パパ、戻るね」と上の娘に話し、下の娘には「ごめんね、ごめんね」と謝りながら、新妻はその場を離れた。


この頃は、タバコをやめていた人も、もともと吸わなかった人も吸い始めている。夜に、職員を全員集めた会議が行なわれることになっていた。酒井真和は、この会議の内容を知っていたわけではなかったが、悪い予感しかなかった。会議前、ぼーっとしながらタバコを吸っていたことを覚えている。それは、絶望感に近かった。

極限状態での「さよなら会議」

川内出張所に職員が集まると、消防長が切り出した。

「イチエフの原子炉の冷却要請が東電から来ている。地域を守りたいし、俺たちしかいない。放射線に対する知識もあり、資器材もある。どう思うか」

消防の指揮命令系統は、消防長の指示、現場であれば上司の指示に従うのが通例だった。部下に意見を聞くのは希《まれ》なことだ。

岡本博之は、「今までの消防生活の中でこの時以上に緊迫した場面はない」と思い返している。消防長の問いかけのあと、室内には怒号が飛び交った。

「殺す気なのか！」

「反対だ！」

「何を考えているんだ！」

一号機と三号機が爆発し、給水作業中の自衛隊も東電社員も怪我をした。オフサイトセンターも撤退するほど、原発の状況は危険だ。しかも、正確な情報が伝わってこない。

冷却水として海水を取るというが、ポンプで汲み上げられるものなのか。現場の放射線量は。海水を入れれば原子炉の状況は改善されるのか。自分たちが触ったことのないポンプ車を動かせるのか。多くの職員が、チェルノブイリの消防士たちの運命やＪＣＯの臨界事故を思い浮かべた。

「行けと言われたら辞表を出す」と言った職員や、「業務命令なら行くしかない。その代わり家族を一生面倒みてください」と言った職員もいる。双葉消防に入って一年目の若い職員は吐き気をもよおし、その場で倒れた。

渡邉敏行は、「無事な保証は何もない。情報が足りなすぎる」と思っていた。岡本は「これでは、特攻隊と同じではないか」と思い、志賀隆充は、「トカゲの尻尾切りではないか」と思った。野村浩之は「日本はもう終わりなのかな」と考え、坂本広喜は「情報がないと行けないです」と言った。全住民が避難した今、一企業のために、消防がここまでする必要があるのか。国は、県は、出てこないのか。消防は、特攻隊のようなことをしなくてはならないのか。全国から緊急消防援助隊が来ないと知ってから、孤独感でいっぱいななか、活動を続けている。その最中のこの話だ。

「行きたくありません。家族が大事です」と言った職員もいる。それを聞いていた畠山清一はほっとし、心の中で感謝していた。まだ二二歳の自分のような下っ端には、一番、言いたくても言えない一言だった。三号機爆発を目の当たりにしていた遠藤朗生は正直怖いと思っていたが、これで東日本がダメになるというなら、「捨て石」になっても行かざるを得ないのだろう、と考えていた。木村匡志は、作業員を助けるために構内に行くならいいが、捨て駒のように「冷却しろ」「突入しろ」というのは違うだろう、と思った。

「状況が把握できていなくて、リスクが高すぎる。いつもの消防長の判断とは違う」と違和感をおぼえた鈴木達也は、つまり、死ぬことが前提なのだと感じていた。自分が選ばれるかどうかはわからないが、家族にひと目会っておきたかった、と思った。

鈴木は、家族とは連絡がとれていなかった。「情報を引っ張ってきてくれるなら、俺が明日行く」と言った職員もいたが、ほとんどの職員が反対していた。

工藤昌幸は、「この状態で我々が葛藤していることを、国は知っているのだろうか……」と考えていた。人のいなくなった町で、今なお活動を続け、さらに原発の冷却要請に葛藤している我々の存在を、誰が知っているのか。多くの職員が泣いていた。

最終的には、東電から現場にいる社員を川内出張所に呼び、詳細な情報を教えてもらってから再度検討する、という結論になった。

飲まず食わずで、十分な睡眠もとれていない。救助・救急に、職員たちはあちこちで活動し続け、心身ともに極限状態だった。会議が終わってから、工藤はみんなが無理をして笑っていたのを覚えている。志賀も同じだった。

「何が食いたい？」

「俺、マックが食いてぇ。刺身もいいな。肉も食いてぇ」

岡本は「もうこの仕事は続けられないな……」とぼんやり考えていた。次は何の仕事をしよう。大型トラックの運転手をやろうか、とまで思いつめた。

宮林晋は、被ばくも当然怖かったが、原発に至近距離で爆発されることのほうが怖かった。携帯メールに妻にあてて遺書を打ち込み、いざとなったら送ろうと考えていた。堀川達也は、高校での唯一の友人に遺言を送った。妻には心配をかけたくなかったため、「頑張ってな」とだけ送った。草野重信も、いつも持ち歩いている小さなメモに、遺書を書いた。

家族あっての仕事、と思い続けてきた松本孝一も、妻と子どもあてに遺書を書いた。電話が通じたときに、「遠くへ避難しろ」と家族には伝えてあったが、妻は「一緒に避難して」と松本を案じて泣いた。心細いだろう、一緒にいてあげたい、と思ったが、仕事を離れることはできなかった。娘は県外の大学に進学が決まり、息子は、野球をしたくて双葉高校に入学し、頑張っていたところだった。地震があった日も、一人暮らしを始める娘の家具を買いに出かけていた。二人とも「これからだね」と思っていた矢先の被災、そして避難だった。松本は、楽しかった日々のこと、感謝の思いを綴《つづ》り、もし自分に何かあったら子どもたちのことを頼む、と妻にあてた。

6

4号機火災

3月16日

4号機火災現場への出動前

葛藤と逡巡

酒井真和の家は代々、富岡町上手岡《かみておか》地区にある麓山《はやま》神社の宮司《ぐうじ》を務めている。毎年お盆に行なわれる麓山神社の「火祭り」は、福島県の重要無形民俗文化財に指定され、地域の人々に親しまれてきた。酒井は、三月一五日前後に「頼む、祈禱《きとう》してくれ」と何人かの消防士に声をかけられた。自分たちの力ではどうにもならない、神の力を借りるしかない、と思うほどの現場だった。

消防士になって二年目だった森寿一にとって、消防長は雲の上のような存在だった。そんな人が「どう思うか」と職員に問いかけることの重大さを痛感していた。当時の幹部たちが「無事に帰るまでが仕事だ」「そんな危険なところに私は行けない」などと激しく意見をぶつけ合うのを目の当たりにし、驚くと同時に、自らも「行けと言われたら行くしかない。でも行きたくない……」と、逡巡《しゅんじゅん》していた。

四号機火災発生

紛糾《ふんきゅう》して終わった会議から、わずか数時間後のことだ。

一六日、午前六時前。福島第一原発四号機で火災が発生した。双葉消防本部に連絡が入る。東電からの「原子炉冷却要請」に対し、行くか行かないか話し合ったばかりだ。話し合いの末、「東電から現場の詳細な情報をもらうまでは保留」という結論になっていた。しかし「火災」となれば話は違う。消火活動は、消防の仕事だ。

大和田仁は「本当に火災ですか？」と思わず言った。遠藤朗生も「東電からの情報収集、していないですよ」と言ったが、「いや、これは火災の通報だ」と返事が返ってきた。大和田洋陽も、「本当に燃えているのだろうか」と思った。ほかにも何人かの職員が、結論を保留にした直後の「火災」という通報には疑問を抱いている。

指揮隊、消火隊、梯子車隊、化学車隊、支援隊……出動する職員の名前が一人ずつ呼ばれていく。六隊二一名が出動することが決まり、声を荒らげ反対していた職員も、黙々と装備を始めた。「火災、と聞けば、スイッチが入る」「消防士の性《さが》だ」「消防魂、というのかもしれない」と複数の職員が思い返している。

通報があったからには、誰が行くのか決めなくてはならない。本部として指揮をとり、出動する職員を決める立場の一人であった鈴木直人は、情報がほとんどないなかで被ばくにさらされ、多くの犠牲者が出たチェルノブイリ原発事故の消防士のことが頭から離れなかった。苦渋の決断だった。鈴木は、「無事に帰ってきてくれ」と祈り続けた。

雪景色のなか、職員が装備を整えていく。全面マスク、防護服、ゴム手袋は三枚重ねにし、靴カバーをつけ、それぞれガムテープで目張りをする。防護服は燃えてしまうため、その上から防火衣を羽織る。一人につき、二〜三人が目張りなどの手伝いをした。若い職員は、装備を整えながら泣いていた。全面マスクは目張りをしてしまうと顔を触れないため、涙をぬぐうこともできない。志賀隆充は、「隊長や指揮隊は、放射線の危険性はわかっているから大丈夫だ」と若手職員を励ました。他の職員も若い職員に声をかけていた。

前夜の緊迫した会議のあと、松本剛幸は一つ年上の先輩と、「おそらく俺らのような若い職員は出動にならないんじゃないか」と、ストーブの前で菓子パンを食べながら話をしていた。それなりの現場経験があり、既婚者で、子どもがすでに成長しているような人が選ばれるだろう、と。だから、まだ二三歳、結婚はこれからという自分の名前が呼ばれたときは、「えっ、俺?」と思った。

装備を手伝ってくれる同僚が泣いていた。「行くなよ、死んじゃうよ」。松本は、内心「もしかしたら死ぬのかもしれない」と思いつつ、「大丈夫だよ、大丈夫だよ」と言った。そう言いながら、まだ彼女と連絡がとれていなかったことを、心底から後悔していた。

渡部友春の全面マスクの目張りを手伝っていた大和田洋陽は、これが今生《こんじょう》の別れになるのではないかと心配だった。そんな大和田に渡部は、「ちゃんと帰ってくるから、心配すんな」と声をかけた。

猪狩拓也は、タンク車に不慣れな職員が指名されていたため、「そこに入ります」と申し出た。「出動したばかりだからダメだ」と言われたが、無理やり入れてもらった。各車両のメンバーは、同じ富岡消防署の先輩や仲間が多く、ここで行かなければ一生悔いが残ると思った。しかし、出動前には、骨折と被ばくは覚悟した。無傷で帰ってこられるとは思っていなかったが、家族とは震災発生からまだ一度も話せていない。必ず生きて戻る、と誓った。

一方、遠藤朗生は、「もしかしたら、もう戻れないかもしれない」と思っていた。遠藤は一四日の三号機の爆発を至近距離から見ている。現場で作業していた自衛隊員も救急搬送された。本当は怖かったが、その姿を後輩に見せてはならないと、平静に努めていた。

放射線防護の知識はあり、研修も受けてきたが、実践はない。放射線測定器の針が振れるのを見るのも、初めてのことだ。「これでいいよな」「大丈夫だよな」の連続だった。双葉消防本部は、放射線管理員を確保できていなかった。本来なら、専門知識を持つ人に同行してもらい、安全かどうか判断を仰ぐべきところだが、それは叶わない。

その役割として、サーベイメーターで車内から放射線量を測定する情報管理・後方支援隊に中島徹が入った。一昨日、中島は、衛星電話で原発から約六〇キロ離れた本宮市に避難していた家族と連絡がつき、「もっと遠くまで逃げろ」と伝えたばかりだ。横山典生は装備を手伝い、ガムテープの目張りを祈るようにきっちり行なった。横山は心配だった。これまでも、「現場は〇〇という状態のようだ」との情報が、実際には違うということが繰り返されていたからだ。

新妻健治は、無事を強く祈ると同時に申し訳なさを感じていた。松本和英も、選ばれなかったことに対して「よかった」という気持ちには、到底ならなかった。松本もまた、申し訳なさ、悔しさを感じていた。

全面マスクでの活動のため、みな同じ格好で誰が誰なのかわからなくなる。手分けをして養生テープに名前を書き、防火衣に貼り付けていった。井出泰平は、いつも世話になっている先輩に「名前を書いて」と頼まれたが、その作業がつらかった。

佐々木匠も装備を手伝っていたが、親しい先輩から「もし俺が帰ってこなかったら、家族に愛していると伝えてくれ」と声をかけられ、隣にいた先輩からも「俺も頼むわ」と言われた。二人とも笑いながら言ったが、それが冗談などではないのだとわかり、涙がとまらなかった。

宮林晋は言葉が意味をなさないほどの現実を前に、「頑張って」も「気をつけて」もそぐわないと思い、ひたすら黙々と装備を手伝った。関貫一郎は、この四号機火災現場へ向かった職員の心情は、どんなに共感したくても行った人にしかわからないと思い、この時のことをあまり話題にしていない。

「ここ(川内村)にとどまっていること自体が、どうなんだろう」と考えていた阿部真楠は、防護装備を手伝いながら、できるだけ余計なことを考えないようにしようと思っていたが、選ばれた人のことを思うとつらかった。木村匡志は、敬礼して見送った。涙を流しながら見送る職員もいた。この時の双葉消防本部の活動は、国や県の記録に残っているのだろうか、木村はそれを今も考えている。

六隊二一名を見送った職員は、「これが最後になるのではないか」と思っていた。自分よりも若い職員が出ていったことに、「俺の出来が悪かったからだ」と話す職員もいる。

雪が降る中、両サイドに職員が並び、敬礼する間を、車両が一台ずつ出ていく。松本剛幸は、出発のこの景色を決して忘れないだろう、きっと特攻隊はこうだったのだろうと思った。そしてもう、二度とこんなことはないだろう、とも。

放射線量の急上昇

放射線量を測定しながら、現場へと向かう。放射線量は読み上げられ、無線で伝えられていた。松本剛幸の胸にあるポケット線量計の音も、それを知らせる。川内村のあたりでは、車内三人のポケット線量計が、「ピッ」「ピッ」と順番に鳴るペースだったが、原発に近づくにつれて、「ピー」という連続音に変わった。対向車もなく、人もいない。これから俺は、何をすればいいのか、どこにホースを伸ばせばいいのか、そこにいったい何があるのか、と松本は考え続けた。不安しかなかった。

渡邉正裕は、「行くなら、必ず消火する」という思いを強くしていた。つなぎの防護服を着た車内で、「こういうのを着ると、トイレに行きたくなるんだよな」と、同乗している職員に言葉をかけた。うつむき無言の隊員、じっと無線に耳を傾ける職員、それぞれがこのあとに起きる出来事に思いを馳せていた。

福島第一原発から四キロ地点で毎時四〇〇マイクロシーベルトだった放射線量が、二キロ地点で毎時一〇〇マイクロシーベルトまで下がった。原子炉に近づけば放射線

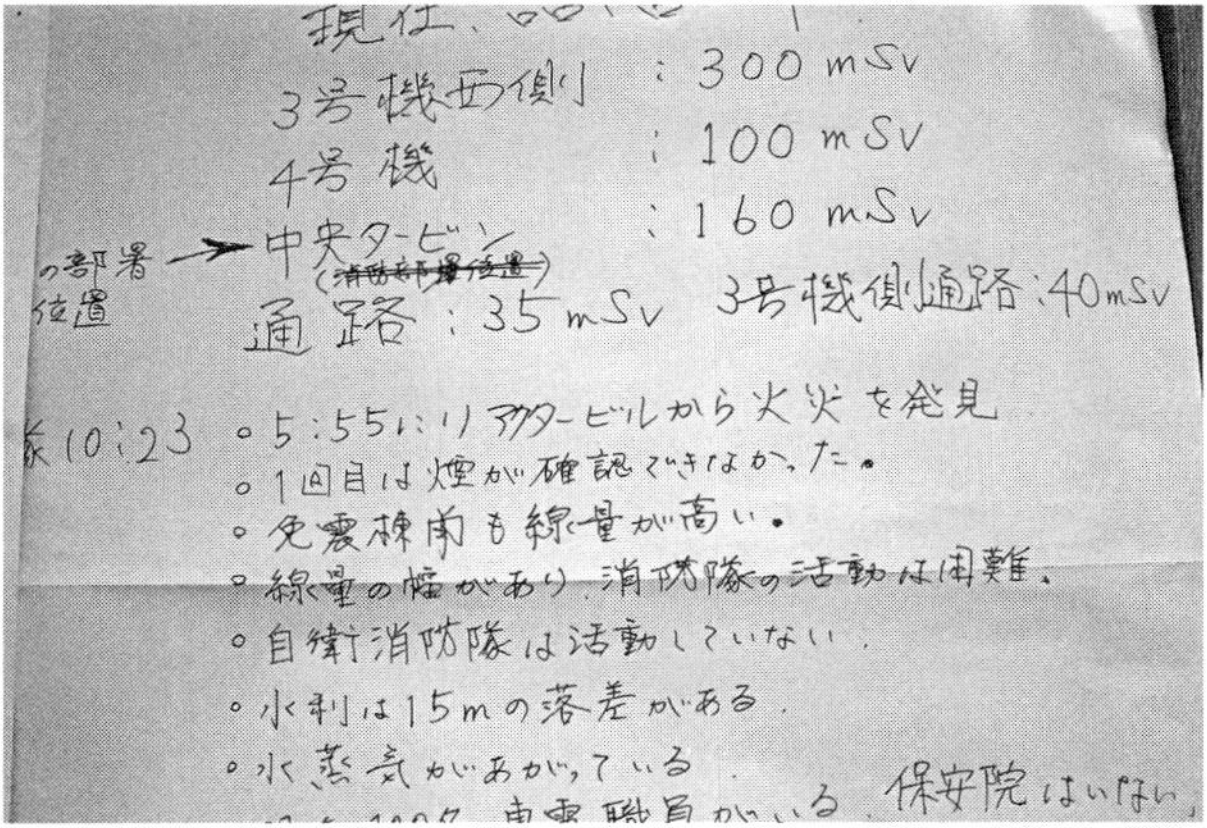
3号機西側 ：300 mSv
4号機 ：100 mSv
：160 mSv
の部署 → 中央タービン
位置
通路：35 mSv 3号機側通路：40mSv
10:23
・5:55にリアクタービルから火災を発見
・1回目は煙が確認できなかった。
・免震棟前も線量が高い。
・線量の幅があり、消防隊の活動は困難。
・自衛消防隊は活動していない。
・水利は15mの落差がある
・水蒸気があがっている
保安院はいない

量が高くなるのではなく、ところによって針は振れた。

　福島第一原発の正門には、普段一〇人くらいいる職員が、その日は二人しかいなかった。東京電力の誘導車両に続いて双葉消防の車列が免震重要棟に向かう。構内の放射線量は、毎時一〜八ミリシーベルトまで上昇していた。点在する瓦礫には放射性物質が付着していて、放射線量を上下させている。ポケット線量計が鳴る音の頻度も、それに連動するように増していく。

　まず、各隊の隊長が、作業確認のため免震重要棟の中に入り、他の職員は免震重要棟の外で指示を待つことになった。

　その待機中に、渡部友春は事故のあった原子炉の様子を確認していた。一号機の建屋の上半分がすっかり吹き飛んで鉄骨だけになっている。三号機は一号機よりも建屋上部がひどく破損し、空に向かって水蒸気が吹き出していた。青い空に真っ白な水蒸気が浜風に流されている。その白い水蒸気に隠れて、火災のあった四号機は見えない。ほかの原子炉も、いつ爆発するか、誰にもわからない。

指示を待っていると、免震重要棟前は放射線量が高いため、線量の低い場所で待機しているようにと無線が入った。隊長らを免震重要棟に残し、待機していた職員たちは、正門の外へ退避する。

この時の様子は無線で報告され、川内出張所・葛尾出張所で待つ職員が、それぞれメモに残した。無線から流れる声に耳をすませ、無事を祈りながら一言一句、丁寧に書き取ったものだ。

メモに記された時刻は一〇時二三分(三月一六日)。全面マスクを装着してから、すでに三時間ほど経過していた。職員たちは、息苦しさを感じ、危険とは知りながらも装備を外したくて仕方がなかった。松本は激しい頭痛で終始下を向いたまま、無言でポンプ車の中で待機していた。

その時だった。無線から「緊急退避！　放射線量が急上昇している」と声が飛んできた。免震重要棟に残る隊長たちを、支援隊の車が迎えに構内へと戻り、他の五隊の職員たちは一斉に川内出張所へ引き上げることになった。渡部はこの時、「構内の作業員は避難させないのか。自分たちだけが帰っていいのか」と罪悪感を抱きながら現場をあとにしている。

渡邉正裕は、隊長たちの打ち合わせに東電社員が駆け込んできて、「今ならまだ間に合うから、とにかく逃げてくれ」と言われたと聞いた。これまでの二回の爆発も、放射線量が上昇し、その後、爆発するという経緯をたどっている。地元消防から死傷者を出してはならないという判断だったのだろう、と察した。

さらにその後、「免震重要棟前で一〇〇ミリシーベルト！　緊急退避！」という無線が入る。消防士の活動の被ばく線量限度は緊急時一〇〇ミリシーベルトだ。わずか一時間でその限界に達してしまう。もはや消火活動ができる状況ではなかった。

爆発を想定し、逃げる。「緊急退避！」のあと、無線はプツリと途切れ、川内出張所で固唾《かたず》をのんで聞いていた藤田大治は、「まさか、死んでしまったのではないか」と恐れた。

出動した松本剛幸は、緊急退避しながら、「ああ、自分は死ぬ。たくさんの放射線を浴びてしまったのだ」と思い、ポロポロと涙がこぼれた。松本の乗ったポンプ車は先頭だったため、川内村に帰る途中、現在地を知らせる役割だったが、松本は放心状態に陥り、本部からの無線に答えることができなかった。隣に座っていた上司に「しっかりしろ！」と声をかけられた。

職員たちは、「出動するからには、消火して戻る」と決意していた。渡邉正裕は、「何もやらないで帰るのか？」と思う一方、「ここで爆発したら巻き込まれるんじゃないか」とも思った。岡本博之も「火は消せないのか？」と思うと同時に、火災の現状確認すらできないことに、もどかしさを感じた。渡部友春は、焦り、苛立ち、興奮、冷静といった感情が、高速で行き来した現場をあとに、ただただ、無言でタンク車を運転した。

川内出張所へと戻る職員たちは、割山トンネルでスクリーニングを受けた。松本和英、黒木マーカスカツフサらは、スクリーニング場で出動した職員を迎えた。防火衣が一万三〇〇〇cpm以上の場合は脱がせてくるようにと上司から指示を受けていたが、その条件では不可能だ、と思った。ほとんどの職員が一万三〇〇〇cpmを超えていた。

小松裕之は一万三〇〇〇cpmどころか、一〇万cpmを超え、雪が舞うなか、防火衣を脱いだ。この日の川内村の気象データは残っていない。一〇キロほど離れた田村市では、最高気温が五度。寒い時間帯ではマイナス五度近くまで下がっている。一番上に着ていた防火衣に放射性物質が付着していたが、もはや替えなどない。

渡邉正裕は「あれほどの線量下にいたのだから、何かしらの影響はあるかもしれない。もう、なるようにしかならない」と思った。猪狩拓也は、この年に受けた個人被ばく(三・六一五ミリシーベルト)のほとんどが、この活動の時のものだった。隊長を務めた上司が、涙をにじませて「お前たちを被ばくさせてしまったのは、俺の責任だ」と謝っていたことを、黒木は覚えている。一方、松本剛幸は、無言のままスクリーニングを受けた。この時の被ばくは一ミリシーベルトに届かず、割山トンネルからバスに乗り、そこでやっと、ほっと息をついた。

東電テレビ会議では

その頃の東電テレビ会議の記録と、双葉消防本部の活動記録を突き合わせると、現場が混乱するなかで、必要な情報がいかに伝わっていなかったかがわかる。

三月一六日　午前六時二五分

保安班「保安班から連絡しますと、当該エリアについては四〇〇ミリシーベルト

／毎時のところの瓦礫はまだ片付かって《ママ》いないという話もまだあるので、線量的にはかなり消火活動として大変なところかと思います。また構内についてはすべて汚染してますから、公設の消防（双葉消防本部）が入った場合、出れないということでご了承願いたいのですが」

（中略）

本店「〇〇さんとかわかんないんだけど、入ったら出られないという程の所に公設の方が来《ママ》ていただくというのは、どこか事前にお話ししておいた方が良いんじゃないですか？」

本店総務「えっと、それは正門とかで誘導する時にお伝えできるかどうかだと思いますけれども」

放射線量が高いことは知らされていたが、保安班の言う「入った場合、出れない」という可能性を、双葉消防本部は聞いていなかった。「出れない」は、車両に放射性物質が付着すれば原発の敷地から出すことができない、の意味だと思うが、その情報が伝えられたとは、双葉消防本部の記録にも、当時本部にいた消防士の記憶にも残っていない。実際に、汚染の度合いが激しい消防・救急車両は、このあと使用できなくなっている。

外部応援が受けられなかった双葉消防本部では、限られた人員・資器材でいかに活動を継続していくかは重要な課題の一つだった。消防士の活動の被ばく線量限度は緊急時一〇〇ミリシーベルト。それを超える職員が出ないよう、人員配置の調整もしていた。使命である住民の救助・救急活動ができなくなることを恐れていたのだ。

本店「いや、本人達だけじゃなくて、いやその県、県というのかな……」

本店総務「それは伝えた方が良いに決まっているのだけれども、努力を続けるだけで良いでしょう」

東電本店が、「入ったら出られないという程の所」に双葉消防が向かうことについて、県ないし国や市町村など行政機関に伝える努力をしたかどうかは不明だ。木村匡志が抱いていた「我々の活動記録は国や県に残っているか」という懸念は外れていない。

もう一つ驚いたのは、この四号機火災に出動した六隊二一名が第一原発構内に到着する前に、四号機から炎が見えなくなった、と東京電力本店(東京)の会見で伝えられていたことだ。

四号機では、前日の一五日の爆発後にも炎が確認されたが、自然鎮火していた。一六日、四号機の同じ場所で炎が確認されたのは五時四五分。双葉消防本部に通報があったのは六時二〇分。その五分前の六時一五分に、東電社員が、「炎が見えない」ことを現場の写真撮影をする際に確認している。

消火活動から鎮火確認へ

午前六時四九分　1F《イチエフ》(福島第一原発)

本店「吉田さん、すいません、〇〇ですけども、あの、炎はまあ楽観視はできないけど、炎は今見えないってことでよろしいですか？」

1F吉田所長「ええ、再度確認に行ったとき四人で見て今、炎は無いと言っております」

本店「今、オンラインで見えているんですか？」

吉田所長「いやいや、見えてないよ。この写真を撮りに行った時に見たんです」

午前八時二分

1F「プレス自体のタイミングを消防の確認をもってということにします」

本店総務班「もう一度聞きます。消防の確認がなければプレスは不可能という意味ですか。どうぞ」

1F「ええと、1Fサイトですが、鎮火をしたとか、火が消えているとかの判断は消防の判断ですから」

本店総務班「イエス。その通り。火が消えているは事実です。了解。了解です。鎮火という言葉とか火が消えているという言葉をいっているんで、プレスが不可能といっているんではないですね。どうぞ」

1F「そうです。プレスをすること自体は」

午前八時一一分

広報班「すいません。広報班ですけれども、一応念のために先ほどの指摘(「鎮火」ではなく「火は確認できない」にしたほうがよいという指摘)反映いたしまして、修文いたしました。ええ、同日午前六時一五分頃、当社社員が再度現場確認をしたところ、火は確認できませんでした。今後注意深く監視してまいります。以上でございます」

本店「あの、公設消防への通報が実際、大体六時二〇分ですけれども、その前から電話をかけていたので、これでもいいという理解でよろしいでしょうか」

吉田所長「もうそれしかないでしょう」
本店「はい、わかりました」
清水社長「あの、広報対応はじゃあ、ちょっと後にして、今もう消火の……」
午前八時一三分
吉田所長「えっと、すいません。発電所吉田でございます。第一吉田でございます。本店さんに確認します。あのプレスの議論はいいんですけども、公設消防はこちらに着いておりません。それで、現場の公設消防による確認をしてもらうことでいいんですよね」
本店総務班「してもらうことでの意味がわかりません。プレスとの前後関係をおっしゃってるか、それとも現場確認の必要性をおっしゃってるか。どちらでしょうか」
吉田所長「あの、そう。まず、現場確認は必ず公設消防に、まあ、どのエリアでやるか別にして確認してもらうってことはいいですよね？」
（中略）
本店総務班「了解です。プレスと消防の判断はリンクしていませんので、プレスはプレスで動きます。消防の現場確認は消防のご判断で必要と思われます。以上です」

八時過ぎには、公設消防(双葉消防本部)の役割は、消火ではなく「鎮火確認」に変化し、午前八時一五分には、東京電力は会見で、四号機の火災に関して「炎が見えない状態を確認した」と述べた記録が残っている。

双葉消防本部六隊の現場到着は八時一四分(一台・指揮車)、四七分(三台)、九時一分(三台)である。最初に現場の炎が消えたことを確認した時間から、双葉消防が到着するまで約二時間から二時間半の猶予があった。

原発事故時でなければ、通報を受け、出動人員として名前が呼ばれたと同時に消防士は駆け出し、車両に乗るまでの時間も短く、署から現場までの距離も短い。しかし、この時はそういった状況ではなかった。双葉消防本部は、通報後、出動隊の編成を決定し、放射線防護装備や確認を行なっている。また、川内村の出張所から福島第一原発までは、通常であっても車で四〇〜五〇分の距離だ。地震による破損で道路状況は悪く、迂回や慎重な運転も必要とされ、それ以上の時間がかかった。その間に、現場では、火が見えないことで、消防に鎮火の確認をしてもらうという流れになっている。

刻一刻と変化する状況ではあった。しかし、原発が次々と爆発している危険な現場である。火が見えなくなってから消防到着までの二時間の間に、詳細かつ迅速に情報が届いていれば、鎮火確認に必要な人数が向かい、数隊が引き上げるという選択肢もあっただろう。

午前八時一四分
1F「ただ今、正門に消防の指揮車が一台到着。後続の消防車両三台はまだ到着しておりません。以上です」
本店総務班「八時一四分。正門に指揮車到着。八時一四分。正門に指揮車到着。本店了解です。指揮車は指揮ぐるまね」
本店総務班「サイトさん、先ほどの指示の繰り返しですが、公設消防さんに対する事情の説明、線量の説明、誘導、よろしくお願いします。公設消防からは一人一人、一三名のアテンド（放射線管理員）をつけてくれという依頼がきています。再確認です。実現に努力下さい。よろしくお願いします」
午前八時四七分
警備誘導班「公設消防車両三台、只今正門通過です」
午前九時一分

警備誘導班「警備誘導班より報告します。えー八時五七分、消防のワゴン車、梯子車、および消防の乗用車、三台正門を通過してございます。報告します」

この時、東電側が把握していた車両の数と隊員数は、双葉消防本部からの出動数とはズレがある。テレビ会議では「四隊一三名」と記録があるが、実際には、六隊二一名が向かった。正門を通り抜け、東電社員との打ち合わせのために免震重要棟へと向かう。各隊の隊長が中へと入り、それ以外の消防職員は「放射線量が高い」という情報を得て、正門付近まで戻って車内で待機していた。九時半には、東電から隊長への説明が終わり、消防として現場調査に行くか協議を始めている。

しかし、その頃、テレビ会議でもっぱら話し合われていることは、「四号機の燃料プールにどう放水するか」「昨日届いた高性能の消防車はどこにあるか」「瓦礫撤去作業はいつ再開できるか」といった内容だった。状況は変化し続け、数々の報告が上がり、その対応に追われていた。四号機の火災については、九時以降、話題にのぼっていない。最後の三台が正門を通過した九時一分の警備誘導班による消防車両の正門通過の報告の際には、他の話題にまぎれ、誰も返事すらしていない。

そしてその後、一〇時三八分に、原発構内の放射線量をモニタリングカーで測定している東電社員から、「モニタリングポスト六番付近、(中略)モニタリングカー内部で毎時一〇〇ミリシーベルトが確認された」という報告が入る。

「蒸気が格納容器からの蒸気であるということになれば、極めて高レベルの放射能が放出される」という吉田所長の判断により、報告から五分後の一〇時四三分には「現場作業についている人々は全員退避」という指示が出る。この時に双葉消防も撤退。緊急走行で川内出張所へ引き上げている。

毎時一〇〇ミリシーベルトを計測したモニタリングポスト六番は、職員らが待機していた正門からもっとも近い場所にあった。

記憶・記録・歴史

二〇キロ圏内の救助・救急活動を続けた消防の活動について、また、爆発後の原発構内に入った活動について、「国や県の記録に残っているのだろうか」と木村匡志は懸念する。「忘れたくて、話題にしない人もいる。それぞれの思いはあるけれど、それでも、残さなければ風化してなくなる。記録に残すことは大事だと思う」と木村は言った。記録に残らなければ、歴史から消えてしまう。

わずか一二五名の職員と、限られた資器材で対応した大震災発生後の数日間。繰り返される要請に、署に戻ることもままならず、通常なら帰署後に書く救急活動記録票すら残せなかった。木村はしばらくして、「記録に残す」ことを意識し始めた。

個人被ばくの記録は、もっとも被ばくした最初の一週間ほどは残っていない。職員はポケット線量計を持ち歩いてはいたものの、一七日頃に一度リセットしてしまった職員もいる。「なかには数分で数百マイクロシーベルト被ばくした人もいる」と木村は言い、「おそらく、もっと被ばくにさらされた人もいるだろう」と危惧《きぐ》する。当時、消防本部職員が振り返りながら記した活動記録は「永年保存」と決まっているが、記憶にズレがあったり、詳細を忘れてしまったりする職員もいる。それほど、休む間もなく出動していた。

木村は、「3S」という言葉を教えてくれた。災害現場の救助・救急活動における心得だ。Safety(安全)を確保するときに、まず「Self(自分自身)」を守ること、「Scene(現場)」の安全確認を怠らないこと、それらの安全が確保できて初めて「Survivor(被災者・患者)」に対応できる、その順番で考えて行動する、というものだ。そのためには、情報こそ必要なはずだ。しかし四号機の火災現場では、その安全確保に必要な情報が至近距離にいても得られなかった。

被ばく防護と安定ヨウ素剤

原発事故時に放出される放射性ヨウ素による甲状腺がんを防ぐため、事前に服用する「安定ヨウ素剤」の備蓄は、東京電力福島第一原子力発電所内に三万錠あり、放射線量の高い場所で危険な作業を行なう作業員には三月一三日から告知と配布がなされていた(政府事故調ヒアリング)。また、三月一二日には、富岡町など一部の町の避難所において、四〇歳以下の住民に安定ヨウ素剤が配布されている。

ERC(原子力規制庁緊急時対応センター)の記録によれば、三月一二日には福島県からの要請で、近隣自治体(茨城県等)へ安定ヨウ素剤の提供を依頼し、二三万人分の準備が整うよう調整。一五日未明、一六日未明には、原子力安全委員会から安定ヨウ素剤投与について助言を得て、ERCからオフサイトセンターに伝達し、一六日午前一〇時三五分には原子力災害対策現地本部長から地元自治体の首長あてに「避難地域(半径二〇キロ圏内)からの避難時における安定ヨウ素剤投与の指示」が出されている。

この発出時刻は、ちょうど双葉消防の職員らが四号機火災の現場から撤退する頃だ。

原発事故は「起きない」とされていた。地域住民にも、双葉消防の消防士らが受けた研修でも、「事故は起きない」とされ、安全であることの説明は繰り返されていたが、起きることは想定されておらず、起きたあとに対応する事前説明も準備も足りていなかった。原子力防災訓練で行なったことのない「給水」活動も、消防が突如担った。

その一三日の原子炉冷却水の給水活動や、避難していない・避難できない人々の搬送など、双葉消防は爆発したばかりの原発の近くへ繰り返し出動していたが、消防士らに安定ヨウ素剤の服用記録はない。ＥＲＣの記録によれば、消防や自衛隊用の安定ヨウ素剤は、二一日一五時になってようやく、六〇〇〇錠が事故対応拠点の一つとなっていたＪヴィレッジ（広野町）に到着している。救急救命士の長沼謙市郎《ながぬまけんいちろう》（40・富岡消防署川内出張所主査）は、二〜三カ月後に、「保管しておいてください」と、ごそっと安定ヨウ素剤が届いた記憶があると話す。

災害発生から休む間もなく、もっとも危険な場所で活動し続けてきた消防士たちを、誰が守るべきだったのだろうか。

7

仕事と家族の間で

3月17日〜月末

人が去った街での行方不明者捜索

見えない「終わり」

原発の制御がきかなくなっていたこの頃、川内・葛尾両出張所内では、双葉消防本部はなくなる、双葉郡すらもなくなる、といった噂が飛び交っていた。「生きるか死ぬか、生活できるのか否か、そういった不安を抱え、いろいろな意味で怖かった」と畠山清一は思い返している。

川内出張所でも、葛尾出張所でも、さらに原発から遠くへ避難しなくてはならないのではないか、という話が出ていた。どんなルートを使ってでも、福島市の消防学校で落ち合う、という話も出ていた。若い消防士たちは、もう一緒に仕事ができないかもしれないという思いから、互いに写真を撮影していた。

葛尾村村内では、浪江消防署葛尾出張所の放射線量測定器で、三月一六日頃の最高値が毎時一七〇マイクロシーベルトを示していた。村役場に来た東電社員が、「原発は地獄絵図だ」と語った記録も残る。

葛尾村役場には、一四日夜、消防無線を傍受した村民から、「オフサイトセンターから要員が退避した」と連絡が入っていた。村長はその連絡を受け、「危険が迫っているので逃げたのだろう」と理解し、すぐに全村避難を決めると、防災無線・IP告知放送で福島市あづま総合運動公園へ避難するよう勧告している。

この時に、葛尾出張所主査の松本孝一は、防災無線で村内に広報した。その際の原稿は今も松本の手元にある。

「こちらは、防災葛尾広報です。

東京電力福島第一原子力発電所の事故により葛尾村で放射線による汚染の危険があります。

本村より退出するようお願いします。

以上、防災葛尾広報です」

そして、その日の夜遅くに、消防士の詰めている葛尾出張所の前にある村役場に村民が集まり、バスに乗って避難を開始した。役場前の道路には、バスに乗るために集まった人々の車が無数に停められていた。一五日の朝、渡部真宏は、乗り捨てられた車の数に、「これだけの村民が避難していったのか」と驚くと同時に、取り残されたような気がしていた。

一方、川内村では、三月一二日から一六日まで、最大時で六〇〇〇人の人々が避難生活を送っていた。原発周辺地域に住む人々、特に富岡町民が川内村に避難していた。

一五日には、川内村長が防災無線で避難を呼びかけ、一六日には、川内村民と富岡町等から避難してきていた住民たちが集団で郡山市の複合施設ビッグパレットふくしまへ移動している。一六日の村長による無線は、印象深く覚えている人が多い。「ふるさとを離れるけれど、ふるさと再生のときには、みんな笑顔で頑張りましょう。それではみなさんお元気で」という声が、村内に響いた。

川内村や浪江町津島地区の避難所では、一六日までの四日間に具合が悪くなった人が相次ぎ、原発周辺地域からの搬送も含め、救急要請は一三二件、一四五人にのぼる。その人たちを福島市や郡山市などの病院へ、救急搬送していたのだ。

情報も届かず、県内の状況もわからなかった。坂本広喜は、郡山市に傷病者を搬送したあと、消防の知り合いのところに立ち寄った。「一四日に、スクリーニングの基準が、一万三〇〇〇cpmから、一〇万cpmに上がった」と聞き、「一〇万って何ですか？」と思わず聞き返した。ちなみに、この日までに、一万三〇〇〇cpmから一〇万cpm検出されたのは二一二人、一〇万cpm以上が一三人という記録が福島県に残っている。しかし、この数に双葉消防本部の職員は含まれていない。

川内出張所に戻ると、職員が少ない。「みんな、どこ行ったんですか？」と尋ねると、「原発の火災現場」という答えが返ってきた。無線からは、現場からの声が響く。うそなんじゃないか、と思った。前日、東電社員の説明を待って判断する、と決まったのではなかったか。

この頃、避難所で熱を出した患者の搬送を担当した横山典生は、救急車後部に乗っていてもわかるほどの蛇行走行に気づき、機関員と運転を交代したことがある。自分の足を叩きながら運転していた職員もいる。職員の疲労はピークを越えていたのに、終わりが見えなかった。

初めての休み

一六日の午後から、ようやく、これまでの勤務体制と同じように二交代制をとることが決まった。四号機の火災現場に赴いていた職員らが川内出張所へ戻ってきてからのことだ。双葉消防本部では、震災以前、二四時間勤務と非番を三回繰り返したあとに二日休むという八日サイクルを二部体制で回していた。しかし、三月一一日から一六日までは、すべての職員が一日も休まず、二四時間勤務を続けていた。

原発事故がなく、避難指示が出ていなければ、非番になった職員は自宅に帰って休むことができる。しかし、自宅に戻って休むことは叶わず、家族は避難しているため帰る場所がない。

木村匡志は、気を張り続けていた疲労感から、二日間の休日は、ちゃんとしたベッドで眠りたいと考えていた。木村は川内出張所の救急の資器材庫の床で寝ていたが、ぐっすり眠れた日など一日もない。他の職員も同様に、車庫、事務所の廊下、車庫に張ったエアテントの中、車両の中で休んでいた。もともと三～四名が勤務する出張所に、約九〇名もの職員がいたのだ。平らな場所で身体を横たえる余裕などなかった。

木村は、近隣のホテルや旅館を片っ端から調べたが、どこにも空きがない。たった一人の家族である父親は浪江町の役場職員で、住民の対応に追われ続けているため、そこに行くこともできない。やむなく、偶然空室を見つけたいわき市のラブホテルに宿泊した。出前でピザを取り、テレビを見ながら「自由っていいな……」と思ったが、そのあと、ふと、だだっ広いラブホテルの部屋を見回し、「俺は、何をやっているのかな」と思い、泣いた。

森寿一は二交代制に戻って最初の非番の日に、地震発生から初めてシャワーを浴びた。髪は洗っても洗っても、なかなか泡立たなかった。関貫一郎は、避難している家族に会いに行きたいと思ったが、すぐに行っていいものか迷った。車や着ている服の放射線量を測ったりしながら、悩んでいた。測定すると、車のタイヤ部分やラジエーター部分の放射線量が高かった。そのため、しばらくは家族に会いに行くのを我慢したと話す。

川内出張所の車庫の片隅にダンボールを敷いて寝ていた藤田知宏は、一六日の夕方から休みに入り、家族と連絡がとれなかったので祖父母のいる父の実家、川俣町の山《やま》木屋《きや》に向かった。この日まで缶詰とカップラーメンだけの生活。靴も履きっぱなしだったため、足は蒸れていた。久しぶりに入浴し、「お風呂っていいなぁ」と、心から思ったのを覚えている。

川俣町山木屋地区は、避難指示が出ていない地域だった。しかし、ポケット線量計の鳴る頻度が、藤田は気になった。双葉郡内とあまり変わらない。「もしかしたら、ここも避難になるかもね……」と伝え、消防署に戻ったが、その言葉はのちに現実となる。

広野町の自宅に戻った鈴木達也は、その部屋の中を見て驚いた。テーブルの上には、明かりをとるためのロウソクが無造作に置かれ、食べたものがそのままになっていた。布団も敷きっぱなしで、祖父と両親、妻と二人の娘たちが慌ただしく避難しなくてはならない状況だったことがひと目でわかり、しばらく動けなくなった。

消防士の使命は、国民の一人一人の生命、身体および財産を守ることだと消防組織法第一条に書かれている。しかし、自分の家族だって、国民だ。どうして、自分は家族を守り、「こっちに避難しよう」と導くことができないのか。慌ただしい避難の痕跡から、家族の恐怖や苦労が伝わり、鈴木は大人になって初めて、声をあげて泣いた。

三月一八日、宮林晋は、ようやく妻と子どもが避難している福島市の中学校の体育館に会いに行った。家族とは一週間ぶりの再会だった。子どもは宮林を案じ、ビーズで作ったお守りをくれた。子どもたちが元気だったことが何よりだった。宮林は安心し、借りた寝袋で眠った。翌朝に体育館を出て、所用を済ませに同僚と田村市へ向かった。その途上で、妻から連絡が入る。

「いま、大変なことになっている。スクリーニングの証明書を持って、戻ってきて」

宮林が双葉郡から来たことが周囲に知られ、放射能汚染を持ち込んだのではないかと疑われていた。宮林はショックを受けたが、すぐに福島市内でスクリーニングを受け、証明書を持って体育館に戻った。「ああ、こんなことがあるのか……」、宮林はそう感じたと言う。

そういった経験をしたのは、宮林だけではない。「我々は汚物ですから」と言った消防士もいる。

渡邉正裕は、一八日の金曜日から日曜日までが休みになった。川内村の出張所からは携帯電話がつながらない。中通りまで出てから、妻に連絡した。

「今、どこだ?」

妻と子どもたちは新潟県の柏崎市に避難していた。義理の兄とともにいることも、その時初めてわかった。

「今から行くから」

と伝えると、妻は困惑した。柏崎市には東京電力柏崎刈羽原発があることから、原発関係者が近くに多く、放射能汚染を持ち込まれることを気にしていると言う。証明書がないと入れないと言われたが、その日はスクリーニングを受けていなかった。

やむを得ず、新潟県に向かう途中のサービスエリアの駐車場に車を停め、一夜を明かした。周囲の人々の不安な気持ちは理解できた。しかし、さまざまな思いが交錯し、疲れているはずなのに悶々《もんもん》として眠れない。

朝、再び移動し、インターチェンジを降りたところで妻と会った。妻の姉の夫もいた。

「大変だったな。でも、まず、車を洗ってもらえるか」

渡邉は洗車場へ行き、車を洗ってから子どもの待つ避難所へ向かった。そこは、柏崎刈羽原発の職員寮だった。到着すると、「そこで待っていてくれ」と言われ駐車場で待たされた。

子どもたちがこっちを見て心配そうにしている。再会を心待ちにしていたが、渡邉が思っていたものとは違った。子どもが遠くで手を振った。

「来ないほうがよかったのか……」

しばらく待っていると、「寮長から許可が出た」と言われた。いざ寮の中に入ると、男性が一〇人ほど並んで渡邉を待っていた。

「裸になって、身体を洗ってくれ」

そう言われ、風呂場に連れていかれた。そして、誰のものかわからない服に着替えた。そのあとスクリーニングをし、ようやく「無罪放免」となり、会いたかった我が子のもとにたどり着くことができた。渡邉もまた、「こんな目にあうのか」と思った。休みはあっという間だった。月曜日になり、これから戻るかというときに、下の息子が、

「みんな避難してるのに、なんで戻るの?」

と言って泣き出した。上の息子は気丈に振る舞い、「そんなこと言うんじゃない」と弟を諭していた。渡邉は後ろ髪を引かれる思いで、「お母さんのこと、頼むな」と長

男に言い残し、双葉郡へと向かった。

牛渡三四郎は、二交代制になって初めて食べたラーメンのことをよく覚えている。同じ日に休みになった先輩二人と、三春町《みはるまち》と田村市の間にあるラーメン屋に行った。地震発生からこの日まで、支援物資のおにぎり、菓子パン、レンジで温めるご飯、缶詰、カップラーメンといったものばかりの生活だった。人気があったのはソーセージを挟んだ「まるごとソーセージ」というパン。だが、こうした生活で、「排便がめっきり減った」「血圧も高くなった」と身体の変調をこぼす職員もいた。

何日拘束されたのかわからないような日々から脱出し、ようやく食べられた温かいラーメン。「ビールでも飲むか」と先輩に誘われ、乾杯をしたところで、消防長が打ち合わせを終えた相手とともに店に入ってきた。

気づいた先輩が「一気しろ！」「急いで食べろ！」と言うので、牛渡はビールを一気飲みした。三人ともようやくとれた休日であり、ラーメンを食べ、ビールを飲んでいることに対して消防長が何か言うとは思えなかったが、他の職員は勤務中でもあり、なんとなく気が咎《とが》めた。三人はラーメンを食べ終えると、消防長に挨拶をし、会計のためレジに向かった。しかし、店員は、「もう、いただいていますよ」と言った。知らない間に支払いを済ませていたのは、消防長だった。

志賀隆充が家族に会えたのは、一九日。避難先は本宮市だった。一度ほっとできる場所に行ってしまうと、双葉郡に戻るのはつらかった。正直戻りたくないな……と思ったと言う。しかし、仲間たちがいるから、と思い直し、現場へ戻ってきた。

鈴木直人も、ようやく家族に会えたのは一九日頃だった。妻や子どもたちの避難先では、「こっちは『普通』なんだな」と思った。災害の真っ只中にあり非日常である双葉郡と、避難先に存在する日常との乖離《かいり》を、肌で感じた。そして、こうも思った。これまで、他の地域で災害があった時、自分も日常の側で過ごしていたのだ、と。

妻の妊娠がわかった木下佳祐は、一六日に休みをもらうと実家へ向かった。兄と妹は木下の無事な姿を見ると、泣きながら抱きついて迎えた。木下は家族の無事にほっとしつつも、日常の流れる本宮市と、非日常になってしまった双葉郡との乖離に戸惑ったと話す。そして避難していた妻を、その日のうちに埼玉にある妻の実家へと連れていった。

休みは二日間しかない。妻の実家に滞在中に、義理の親からは「こっちにいなさい。

娘の妊娠もわかったのだから」と説得された。休みを延ばしてもらい、葛藤し続けた。事故から数日間、三回ほど「死ぬかもしれない」と感じた瞬間があった。同僚とたわいない話をし、冗談を交わし、「怖くない、平気だ」と装いながら、実際は事あるごとに恐怖心がわいたし、逃げたい、とも思っていた。木下は悩みぬいた末、「同期もいるから、いったん戻らせてください」と頼み、二〇日頃に署に戻った。

熊本県に家族が避難していた横山典生も、自分の休みの番が回ってくると、一五〇〇キロもの道のりを運転し、家族に会いに行った。途中、岡山県内のサービスエリアでトイレ休憩をとった時、驚いたことに、地元の顔見知りを見つける。娘の同級生の父親だった。挨拶はしたものの、横山は必要以上のことは言わなかった。原発事故で地域の人々が全国に散り散りになったことを、改めてそこで知った。

川内出張所から目と鼻の先に実家がある松本剛幸も、休みになるまでは実家に行くことができなかった。実家では、両親が浜のほうから避難してきた人を受け入れていたことは知っていたが、ちょうどその日、川内村にも避難指示が出てからは、両親を含め、みなどこへ行ったのかわからなかった。

実家に行くと、二つある冷蔵庫のうち一つはカラになっていた。避難した人を受け入れた両親が、食料をすべて使い切ったのだとわかった。もう一つの冷蔵庫を開けると、吉野家の牛丼が一つ、ポツンと入っていた。その牛丼の上に付箋が貼ってあり、父の字で「頑張れ」と書いてあった。

　松本は、泣きながらその牛丼を食べた。これまで食べたものの中で、一番、その牛丼がおいしかった。

自衛隊ヘリとハイパーレスキュー隊

一七日には、自衛隊のヘリコプターによる空中消火が行なわれた。その様子は大きく報道されている。二機のヘリコプターで四回の放水をしたが、放射線量に変化はなかった。

　東京消防庁からハイパーレスキュー隊が放水のために福島県に入ったのは三月一八日のことだ。いわき市消防本部平《たいら》消防署四倉《よつくら》分署で打ち合わせが行なわれたが、これまでにすでに二度、原発構内に入って活動している双葉消防本部からも、事前説明のために職員が出向いている。

　ハイパーレスキュー隊は、特殊災害対策車、屈折式放水塔車、スーパーポンパー、四〇メートル級梯子車等、三〇隊一三九名が出動し、一九日未明から放水を始めた。孤立無援だった事故後の悪夢のような状況からようやく解放された。

しかし、複雑な思いも抱える。

東京消防庁のハイパーレスキュー隊や自衛隊の活動は大々的に報道されていたが、双葉消防本部が事故発生以降続けてきた数々の活動についてはまったく報道がなく、誰にも知られていなかった。実際に避難所で住民から、「双葉消防は何やってんの？」と咎めるように言われた職員もいた。

「マスコミに我々の活動を訴えたらどうか」と提案した職員もいたが、「我々がヒーローになる必要はない」という意見もあった。避難指示によって住民が大変な状況に置かれていることへの配慮だった。

また、ごく一部のメディアを除いて、マスコミは当時、原発から半径二〇キロ圏内に入ってくることはほとんどなかった。二〇一六年に放送されたドキュメンタリー番組「3・11を忘れない　その時、『テレビ』は逃げた――黙殺されたＳＯＳ」(テレビ朝日・福島放送制作)によれば、政府が屋内退避指示を出したあとは、三〇キロ圏内のすべての地域の取材が禁止された。ＪＣＯ事故を教訓に作られたマニュアルでは、取材可能な空間線量は毎時一〇マイクロシーベルト以下。それを超えた場所では、屋内電話取材にとどめるとしている。事故直後は、福島県中通り地域ですら、その基準を超えていた時間もある。

そもそも双葉郡内は避難指示により「人がいない」ことになっていた。この頃のことを松林俊樹は、活動中の被ばくよりも、自分たちの存在がまるで忘れられていたことがつらかった、と話す。避難しない人を何度も迎えに行き、避難所で具合が悪くなった人を搬送し、要請に応じて原発の構内へ行くことだってあったのだ。

一方、出動隊だけではなく、裏で奔走している職員もいた。ガソリン・軽油・灯油などの燃料がなくなりつつあったが、協力してくれていた川内村のガソリンスタンドも、当然、避難していった。志賀隆充が国に要請すると、「千葉県まで取りに来てほしい」と言われた。その回答に、さすがに志賀は「それは考え直してほしい」と引かなかった。千葉県までは二五〇キロ以上あり、頻繁に取りに行ける距離ではない。交渉の結果、いわき市まで運んでもらえることになった。

当時の川内村の消防団長で、危険物取扱者の資格を持っていたガソリンスタンドの店主は、郡山市に避難してからも、双葉消防本部職員のためにたびたび食料を運んでくれていた。その店主が、その話を聞き「ローリーも動かせるし、俺が行ってやっから」と、いわき市から燃料を運んでくれた。食料も燃料も、その店主には本当に助けてもらったと話す志賀は、今でも店主と付き合いがあり、飲むとその頃の話になると言う。

また、職員の給料をどうするか、という問題もあった。実は三月一〇日には、給与明細も職員に渡していたのだ。みな疲弊しているだろうし不安だろう、若い職員は蓄えもないだろうと、大和田仁は給料を支払うために東奔西走した。双葉地方広域市町村圏組合の事務局は、茨城県に避難していてどうにもならなかった。葛尾出張所から郡山市まで行き、東邦銀行を見つけて交渉し、ようやく二五日までにすべての職員に支払いを済ませることができた。「自分たちには給料が支払われるのか？」という不安を抱えていた若い職員は、その支払いで、なんとか持ち直せたと話している。

誰からも顧みられない中で

三月二四日午前一〇時、三号機タービン建屋地下でケーブルを敷設《ふせつ》していた作業員三名が、四〇～五〇分の間に一七三～一八〇ミリシーベルトの被ばくをした。深さ約一五センチの水たまりがあり、うち二人は長靴ではなく普通の作業靴を履いていたため、くるぶしまで水に浸かったのだ。水たまりの表面からは毎時四〇〇ミリシーベルトが検出されている。この三名の作業員はすでに広野町のＪヴィレッジに搬送されていた。サッカーのトレーニング施設であるＪヴィレッジは、第一原発から約二〇キロのところにある。三月一五日からスポーツ施設としては全面閉鎖し、国が管理する原発事故の対応拠点となっていた。

そのJヴィレッジから双葉消防に搬送要請が届いた。長沼謙市郎はこの時出動した一人だったが、被ばくした作業員は「アラームが鳴りっぱなしでおかしいなと思いつつ、壊れたのだろうと思い、作業を続けてしまった」と話していたと言う。作業員は、Jヴィレッジでスクリーニングをして初めて、自分が被ばくしてしまったことを知った。

医療機関へ移送するために、その作業員の除染をしたが、なかなか落ちなかった。二万cpmから一万三〇〇〇cpmまで落とし、福島県立医大へと送り届けた。

三月中は川内出張所から双葉郡沿岸部へ下りると、避難していない人に出会うことがたびたびあった。自転車をこいでいる男性、食料が尽きて避難したいと声をかけてきた男性、ペットがいるから避難できないと話す夫婦。消防士らは、避難するよう彼らを説得し、スクリーニング場へと連れていって、それぞれが避難していく姿を見送った。

松本孝一は、三月下旬に、避難をしていなかった九〇代の高齢男性が、薬を服用する自損行為をしたとの通報を受け、救急搬送する。「ここまで長生きしたのに、こんなふうに苦しまなくてはならないなんて」と、むなしく思った。ガソリンがなければ、足はない。役場もない町で、電話も不通。連絡する手段がなければ、「自分は避難できない」ということを誰にも伝えられないのだ。

三月三一日には、大熊町のモーテルで火災が発生した。原発から一キロも離れていない距離だった。個室の部屋が九棟あり、それぞれが燃えているという不思議な現場で、放射線量は毎時一〇〇マイクロシーベルトもあった。

被ばく防護をしながらの消火活動は、痛みや不快感との戦いでもあった。日常的にマスクを着け続け、ゴムで耳にあかぎれができ、化膿している状態でも全面マスクをする。アタッチメントでも頭を締めつけられ、苦しくなる。松本和英は、このモーテルの火災現場の消火活動中、吸収管が水しぶきを吸い込んで穴をふさいでしまったため、目張りをした全面マスク内に酸素がなくなってしまった。やむなくマスクを外し、息をした。秋元康志もまた、被ばく防護以前に、窒息しそうになったと言う。

松本は帰署してから、水滴が穴をふさいでしまう構造を改善できないかと試行錯誤し、吸収管を水に沈めるなどの検証も行なった。消火活動中に息苦しくなれば外すしかないが、それでは放射線防護にはならない。その問題を解消する防水カバーが手に入るのは、しばらく経ってからのことだ。

火災現場には、鎮火後必ず原因調査が入る。この時も、翌日一隊が向かい検証を行なったが、結局原因はわからなかった。現金自動支払機が壊され、九棟ともすべて内部が燃えていた。

家族か、仕事か

渡邉克幸は、いわき市から家族を連れて、金沢市の親戚の家にしばらく避難をしていた。

一年前に父と祖父を亡くし、支えを失った母と祖母、弟と妹が心配だった。また、自分自身にも、原発事故、放射線への恐怖感があった。

しかし、金沢にいる間はずっと、「仕事をどうしよう」「早く戻らなくては」と悩み続けていた。専門学校生と高校生だった弟と妹は、四月一日からはそれぞれ就職が決まっていて、その準備も手伝いつつ、合間にニュースを見ては、現場では先輩や仲間が壮絶な苦労をしているのだろうと想像し続けていた。

家族からは、「できることなら行かないで」と心配された。一方、職場からは「大丈夫か、今どこにいるんだ」という電話もかかり、後ろめたさを抱え悶々とし続けていた。

金沢の叔父と叔母が、相談に乗ってくれた。

「克幸が後悔しないほうがいいよ」

「現場に行ってみて、そこでどうするか、もう一度考えてもいいんじゃない？」

渡邉は、現場に行く、と決めた。

三月二九日に金沢市を出て、川内村の山中に車を停めて眠り、三〇日の早朝、川内出張所へ行き、その日のうちに消防長に説明に行った。

「全員、不眠不休でやっていたのに、命令に反した。まとめて報告しろ」

時系列での報告書作成を命じられ、川内村のコミュニティセンターの寒い部屋で、ダンボールだけを渡され、一日かけてありのままをパソコンで綴り、印刷した。

翌朝、消防長に提出し、「許されるのなら、戻りたいです」と話した。報告書は受け取ってもらえたが、現場復帰は認めてもらえなかった。その時、渡邉は、辞表を書くべきなのだと受けとめた。

様子を心配してか、渡邉が部屋を出ると、所属していた富岡消防署の副署長から「克幸、何を言われたんだ。絶対、辞表なんか書くなよ」と声をかけられた。しかし、渡邉は戻る時に、辞めさせられる覚悟をして来ていた。辞めなくてはならないのだろうと、手書きで辞表を認《したた》めた。

ちょうどその時、大熊町のホテルの火災現場から、消火活動を終えた職員が戻ってきた。

先輩が「おい、何を書いてんだ」と覗き込み、それが辞表だとわかると、「なんでそんなの書いてんだ、よこせ！」と言って、びりびりと破いた。

遠藤朗生も渡部友春も「こんなの書くことねぇ！」と言い、副署長に「克幸が辞表って、どういうことですか！」と言いに行った。渡部友春も辞表を破いた先輩も、よく飲みに連れていってもらう関係だった。

再度、消防長と話をする時間が訪れ、破れた辞表をポケットに入れて臨んだ。

「話はかたまったか」

そう聞かれ、

「人手が少ないなかで、離脱してしまい、大変なご迷惑をおかけしました。破れてしまいましたが、辞表を出します」

と、渡した。

消防長は受け取ると、隣に座っていた次長に辞表を渡した。しばらく間をおいて、消防長は言った。

「克幸の辞表は、次長が責任をもって処分する」

その日は、年度の最終日であり、消防長の退職日でもあった。自分のアポロキャップを渡邉にかぶせ、「これはお前に託す。俺の最後の仕事は、克幸の復帰だ」と言った。

辞めるしかないと覚悟を決めていた渡邉が複雑な思いで部屋を出ると、先輩が、

「腹、減っただろ。飯食え」

と、カップラーメンを渡してくれた。警防係として活動する時の、渡邉の上司だった。渡邉は、泣きながらそれを食べた。

横山典生も、渡邉がいることに気がつき、

「うわ、なんで戻ってきちまったんだよ、お前……。そのまま逃げちまえばよかったべ。俺だったら逃げるぞ」

と言った。横山も、救急に出る時の上司だった。二人とも、自分の抱えている申し訳ない気持ちを慮《おもんぱか》って声をかけてくれたのがわかった。周囲から冷たい視線が向けられているような気がした。でも、逆の立場だったら、自分も冷たい視線を向けてしまうかもしれない、とも思った。温かいカップラーメンと横山の一言に心が救われたが、渡邉は、「後ろめたさ」という十字架を、一生背負わなくてはならない気がした。

三月が終わり、町からは物音が消え、遠くから鳥の声が聞こえるようになっていた。

8

孤塁を守る

双葉消防本部の出初式(2019年)

離れ離れの家族

東日本大震災・原発事故における福島県の避難者は、ピーク時(二〇一二年六月)で一六万三〇〇〇人にのぼる。広域かつ長期にわたる避難生活が始まっていた。「広域」「長期」となることは、のちにわかることだ。消防士たちの家族も、ほとんどが避難指示を受け、それぞれが先の見えない避難生活を続けていた。

渡邉満秀《わたなべみつひで》(29・浪江消防署救急第一係主査)は、三月二〇日に救急救命士の資格試験を控えていた。二〇一〇年四月から一〇月までの半年間、渡邉は救急救命東京研修所(八王子市)で学び、あともう少しで試験という矢先の東日本大震災だった。双葉郡は大変な状況ではあったが、上司から「せっかく勉強してきたのだから、試験は受けてこい」と言われ、一緒に受験する予定だった先輩とともに、那須塩原駅まで車で送ってもらうと、新幹線で東京へと向かった。

渡邉はこのとき、東京駅で食べたカツ丼が忘れられない。他の職員同様、寝食もままならない中で活動を続けていた。都心は地震による多少の混乱はあれど、通常とほとんど変わらない時間が流れ、不思議な気持ちがした。

試験の前々日から都内に入ったが、地震発生後から蓄積していた疲労のため、丸一日、ホテルで寝続けた。試験直前でありながら、勉強できる環境にはなかったが、渡邉はこのときに救急救命士試験に合格している。

大熊町に住んでいた堀川達也の家族は神奈川県に避難した。家族との再会は、勤務が二交代制に戻り、まとまった休みがとれるようになってからだ。当時まだ幼かった子どもたちは、堀川の姿を見つけると泣きながら駆け寄ってきた。

避難先の神奈川県は、震災前と変わらない様子だった。阪神大震災の時もそうだったように、テレビで見ているかぎり、遠くの、他人《ひと》ごとになってしまう環境。

堀川は、当時、避難先の神奈川県で消防士採用試験を受けるのも選択肢の一つだと考えたこともあった。しかし、年齢のこと、家族を養っていくことを考え、無理だと判断している。そして、地元の大熊町への思いも消えなかった。双葉郡と神奈川県を休みのたびに行き来しながら、堀川は双葉消防本部で救急活動を続けていた。

堀川の家族の神奈川県での避難生活はわずか二カ月間で終わった。三人兄弟の真ん中の子どもは四月に小学校に入学し、上の子は二年生だったが、原発近くからの避難者ということでいじめられ、情緒不安定になっていた。「子どものことを考えると、ここにはいられない」と、一家は福島県会津若松市に再避難する。会津若松市は、当時、大熊町から三〇〇〇人以上の住民が避難し、町役場機能もそこにあった。

父が浪江町役場職員だった木村匡志が、父に会えたのは震災発生から三カ月後だった。役場の福祉課課長だった木村の父は、二本松市東和《とうわ》地区に避難し、東和支所の床にダンボールを敷いて寝ていた。水道で髪を洗い、お風呂に入れたのはゴールデンウィークだったと言う。応急仮設住宅への入居も住民が優先で、役場職員は後回しになる。木村は帰る場所がなく、休みの日は、知り合いの家や漫画喫茶などを転々としていた。通常の宿泊施設は、原発作業員の宿舎になるところもあり、どこも満室だった。

「育児休暇をとればよかった」と関貫一郎は、今でも悔やむことがある。事故当時、三歳と生後一一カ月の子ども二人を抱え、千葉県の実家に避難をしていた妻は、何かも一人で対応しなくてはならず、疲れ果てていた。電話での会話から妻の精神的な疲労がピークに達したと感じた日には、「明日、(妻のところへ)帰ります」と職場を離れたこともあった。心配しているのなら、一カ月でも二カ月でも、家族のそばにいればよかったのかもしれない。当時三歳だった息子は四月に幼稚園の入園式を迎えたが、その日も妻は一人。思い返すと、その日がいつだったのかも覚えていない。当時は、家のことを考える余裕もなかった。

　自分の時間だけが止まっている。でも、妻と子ども二人の時間はどんどんすすみ、次の準備をしていて、それについていけなかった。

「いつ、辞めるの?」「家族と仕事と、どっちが大事なの?」そんな話題で、たびたび口論にもなった。求人を探したが、思うような仕事は見つからない。双葉郡で消防士を続けていることが正しいのかどうかも、わからなかった。

　もし消防の仕事を辞めたら、ということは、何度も考えた。しかし、辞めたら、墓参りや、親に会いに実家に戻るたびに、人の目を気にしてしまう気がした。仮に最終的に住むことがないとしても、親から受け継ぐ土地は自分が管理しなくては、と思っていた。

　四月二日になって、ようやく松野真一は東京に避難していた家族に会えた。小学二年生と四歳の子ども二人は、いわゆる「パパっ子」で、上の息子が幼い頃は、大好きだった三輪車での散歩に付き合い、松野は何キロも並走した。富岡町の総合グラウンドに行ってはサッカーをし、下の子もお兄ちゃんにくっついて遊んだ。事故前は、夜勤明けの日でも、子どもたちと遊ぶのが楽しみだった。

子ども二人と散歩がてらゲームをしによく行っていた「Tom-とむ」というスーパーは、現在、復興事業や除染等に従事する大人で賑わう「さくらモール」へと姿を変えた。「さくらモール」とは、富岡町が二〇一七年四月の避難指示解除に先立って、町主導でオープンさせた商業施設だ。震災直後の警戒活動では、その「Tom-とむ」へ向かう散歩道をたびたび走行していた。「いつもこの道を通って遊びに行っていたのに、もう子どもと一緒にこの道を通ることはできないんだと思うと、すごくむなしくなるんです」と松野は言った。

休みのたびに東京の家族のもとに帰ったが、どんなに頑張っても、一緒に過ごす時間は震災前の三分の一程度にしかならない。それが一番つらかった。子どもたちは東京から福島に帰る時に必ず泣く。後ろ髪を引かれる思いを堪《こら》えて、松野は子どもたちが寝てから、夜中の三時頃に出発し、双葉郡に戻るようにしていた。その習慣は、子どもたちが大きくなった今も続いている。家族との時間を犠牲にしてまで仕事を続けるべきか、今なお自問自答を繰り返しながら。

藤田大治は、震災当日から行方不明のままの妻の祖父の夢をたびたび見ていた。妻の実家は、津波被害が甚大だった海沿いの請戸地区にあり、震災前には妻とよく遊びに行っていた。藤田は、妻の祖父母が好きだった。

「こっちに来るか」と、祖父は言う。「いや、行かないですよ……」。夢の中でそう答えた。

大震災から約ひと月後の四月九日、双葉消防本部管内の沿岸地域で行方不明者の捜索が始まった。双葉消防本部は警察機関に協力し、津波で流された車を資器材で壊し遺体を収容する活動を行なった。最初は広野町など、半径二〇〜三〇キロ圏内で行なわれたが、行方不明者の発見には至らなかった。この時の空間放射線量は最大で毎時二・五マイクロシーベルト、最小値でも毎時一・五マイクロシーベルト。

一四日からは、浪江町、双葉町、富岡町など一〇キロ圏内の沿岸地域の捜索活動も開始。警察・自衛隊を合わせると三〇〇人態勢だった。双葉消防からも数隊が出動し、捜索にあたっている。一四日には、一〇人の遺体が発見された。

この捜索活動に、渡邉克幸は連続して入っていた。家族のいる金沢市にとどまり現場を不在にしていた分も働かなくては、という気負いがあった。しかし一方で、放射線量の高い中での捜索活動に恐怖心もあった。

男性か女性か、判別のつかない真っ黒になった遺体が多かった。孤独死の遺体とは様子が違う。放射能のせいではないか、と渡邉は考えたが、それについて誰かに話すことはなかった。胸のあたりが動いているのを見ると、蛆虫《うじむし》だった。においの強い中、淡々と作業をした。

捜索中に、釘を踏み抜いてしまう人もいた。足場の悪い活動困難な場所で、朝から晩までの長時間にわたる捜索は、疲労で注意力を維持しにくく、とにかく体力勝負だった。

休憩していた人が海を見ていたところ、テトラポットに挟まった状態の遺体を発見した。しかし、潮が上がり収容が困難なため、翌日の干潮時に救助にあたることになった。

ちょうどその頃、福島第一原子力発電所二号機の取水口付近にある作業用ピットに、原子炉からのものとみられる高濃度の放射能汚染水がたまり、壁面の亀裂から海に流れ出ているという報道があったばかりだった。三月三〇日には、原発から南に約三三〇メートルの海岸沿いの調査地点で、基準の四三八五倍もの放射性ヨウ素が海水から検出されている。

前日見つかった遺体は海水でむくみ、テトラポットにぴったりはまってしまっていた。渡邉は身体が半分海水に浸かる状態で救出活動に参加していたが、汚染水報道を知っていたため、「海水が汚染されているのではないか」「ご遺体も、汚染されているのではないか」と不安だった。海中から発見される遺体は、決まってマネキンのように白い。ブルーシートを下に差し込み、前後にゆすりながら遺体を収容した。

捜索中には、カラスがたくさんいた。カラスがいると、遺体がある。カラスには嗅覚がなく、視力がよいことを上司に教えてもらった。ゴミ袋が半透明でも、中身が見えるのだという。カラスには、上空から遺体が見えていたのかもしれない。不思議と捜索の手助けになっていた。

建物に遮られ見えなかった請戸の海が、町役場のある町内《まちうち》のすぐ近くにある。石川俊勝は、請戸の変わり果てた町の様子に、「ここはどこだろう」と何度も思いながら捜索していた。

田んぼなどの広い場所は、チームで捜索していく。両腕を広げた範囲を一人が担当し、一五〜一六人で並んで一斉に前進しながら遺体を探していく。数メートル歩くごとに、一人、また一人、と見つかり、小松裕之は、見つけた同僚のところへ遺体収容の手伝いに行く、という作業を繰り返した。
遺体は高線量被ばくをしてしまっていた。一号機が爆発する前からそこに残されていたのだ。遠藤朗生は、「本当にごめんね……」と話しかけながら遺体を収容した。あの時、原発事故が起きず、避難誘導や広報活動がなく、津波被害を受けた地域住民の救出活動に専念できていたら、助けられた命がたくさんあったのではないか、そんなふうに思っていた。遠藤と同じように、悔しがる職員は何人もいた。津波で亡くなったのか、取り残されたことで亡くなったのかは、わからなかった。流された二階の家屋で亡くなっていた遺体もあった。あの時は続けざまに原発が爆発し、次の瞬間に何が起きるのかさえ、誰にも予想がつかなかった。逃げることのほうが優先され、そしてそれは、地域の住民の命を守りたい、助けたいと思い続けてきた消防士らにとって、苦渋の選択だった。

捜索活動が始まり、出動の人選をしていた上司に、藤田大治は「捜索に行かせてもらえませんか」と頼み込み、妻の祖父母が暮らしていた請戸地区に入った。大平山のほうから祖父母の自宅のあった場所へ向かおうとしたが、数メートルの高さにまで積み上がった瓦礫が行く手を阻み、それ以上進めなかった。三日後に請戸に入ったときは重機で瓦礫が寄せてあり、道ができていた。

驚いたことに、祖父母の家の一階は流されずに残っていた。しかし、遺体は流れてしまっただろう、と半ばあきらめつつ中を覗いてみると、そこに座ったままの姿で、祖父が亡くなっていた。

祖父の死を目の当たりにした藤田が号泣する声は、周囲を捜索していた仲間にも届いていた。藤田が祖父母を探していることは、他の職員も知っていた。彼らが藤田のもとへ集まると、「足が一本多い」と誰かが言った。その足は祖母のもので、祖父の下に祖母の遺体が隠れていた。二人は、同じ場所で亡くなっていた。

「白い服を着て遺体を収容しているような非常事態でも、人間は泣くものなんだな……」

嗚咽がとまらない一方で、そんなことを藤田は冷静に考えていた。家族である自分が祖父母を見つけられたのはよかったのだ、と言い聞かせた。供養できたことで、妻も一区切りついたようだった。

若い人、子どもの遺体を見つけるたび、つらかっただろう、かわいそうに……と思いながら収容した。救急担当である藤田は、これまでにも遺体を見る経験はあったが、やはり苦しかった。人間一人の力も、双葉消防という組織でも、津波の猛威の前では無力だった。

遺体が閉じ込められた車などの切断作業や解体は、消防の役割だった。栗原一旗も、流された車の切断を手伝った。中には三人の遺体があった。震災当日の三月一一日、栗原は請戸地区で腰まで水に浸かりながら、数名の住民を救助していた。しかし、救助を待つ人が、もっともっといたことを改めて突きつけられた。自分は救助活動をしながら、亡くなった人の上を歩いてしまっていたかもしれない、原発事故が起きず、撤退がなければ、助けられたのかもしれない……。遺体を収容しながら、さまざまな感情がわいた。

かつて、東京都内で警察の仕事をしていたことがある木村匡志は、それまでも遺体に接する機会はあった。当時の東京での勤務地は、団地が多く、身元引受人のいない孤独死の多い地域だった。木村は、遺体をにおいで探した。近くを通ると、においが鼻をかすめる。逆さまになった車の横で、そのにおいを感じ、中を覗いてみると、シートベルトを締めたままで男性が亡くなっていた。身分証明書を見ると、自分と同じ年齢だった。ショックを受けると同時に、津波から逃げようとしていたのだろうと思うと、切なかった。

捜索現場は足場の悪いところが多く、瓦礫の山だけでなく、テトラポットも危険だった。木村は、後方からついてくる後輩たちに「足元、気をつけろ！」と声をかけた瞬間、テトラポットから落ちた。

「いまだに、その話になると、後輩から笑われる」と苦笑する。

「人間ってもろい」

発見された遺体を洗浄・除染するための水の供給も、双葉消防の役目だった。ポンプ車で出動し、捜索現場から少し離れた浪江警察署の駐車場で、運ばれてきた遺体の洗浄をサポートした。袋から取り出される遺体は損傷が激しく、白骨化していたり、傷んで黒ずんでいたり、腐敗して膨らんでしまったりしていた。洗浄するために遺体の服を切ると、ポロポロと蛆虫が落ちてきた。落ちた蛆虫は、驚くほどの速さでまた遺体に向かっていく。そこにセキレイが来て、蛆虫をつつく。

一度だけ、小さな子どもの遺体が運ばれてきたことを、徳田哲也は忘れられない。一歳か二歳くらいの幼児だった。坂本広喜もまた、小さな子どもの遺体が忘れられない。車の中で、母親がしっかり抱きかかえて亡くなっていた。日にちが経っているため、ミイラのようになってしまった遺体もあった。原発事故がなければ、翌日には捜索できた。仮に亡くなってしまっていたとしても、こんな状態で見つかることはなかっただろう、と坂本は思う。

洗浄する水圧で、遺体が壊れてしまうこともあった。畠山清一は、「人間ってもろい」とさみしくなった。震災当日、風の音にまぎれて聞こえた「うぅ……」という呻き声、「助けて……」というか細い声が忘れられない。申し訳ない気持ちで、遺体の洗浄作業を行なった。

警察・自衛隊と合同の捜索活動は六月三〇日まで続き、遺体は一九四体発見された。活動日数は七八日間、活動時間は四八四時間にのぼり、出動隊のべ二五二隊、隊員はのべ八〇四名を数えた。遺体洗浄作業にも、タンク車一台を七八日間配備し、隊員のべ一五三名を派遣し続けた。いまなお行方不明者は残り、月命日の一一日には捜索活動が行なわれている。

ＰＴＳＤ発症のリスクや放射線量の高さへの懸念から、若い職員は配備しない方針だったが、被ばく量を勘案しながらの活動となり、人員も足りず、次第に若い職員も捜索活動に加わるようになっていく。この頃の過酷な捜索活動と遺体洗浄の経験によって、ＰＴＳＤを発症した職員もいた。

野村浩之は、遺体の洗浄作業を夢に見るようになった。においは鼻の奥に残り、消えない。茶碗の白いご飯粒を見て、蛆虫ではないかとハッとしたこともある。

災害現場で二次災害を受けるのは消防だ、と富樫正明は話す。国・県・東京電力の被害想定やマニュアルは、「安全」の上にあるただのシナリオでしかない。惨事ストレスやPTSDなど職員へのメンタルヘルス対策も事故前は準備されていなかった。原発事故から二〜三年の間に、係長以上の職員のうち、約半数がうつによる休職を経験した。

四月一〇日からは、郡山市のビッグパレットふくしまに避難をしている富岡町・川内村の住民のために、二四時間交代で緊急措置として救急隊を配備することになった。渡邉満秀は、毎週のようにビッグパレットに通っていた。ここには、最大時で二五〇〇人の双葉郡の住民が避難をしていた。避難は長期化し、居住環境も悪化するなかで感染症が広がり、傷病者の救急搬送が増えた。住民から要請があると、郡山市内のいくつかの病院へ順番に傷病者を搬送していく。

住民の多くは、救急車に乗るとよく、「双葉郡はどうなっているんですか?」「いつ頃、私たちは帰れますか?」と救急隊員に質問をした。消防には情報が入っていると思われていたようだった。しかし、原発がどうなっているのか、いつ帰れるのか、渡邉にもわからない。「早く帰りたいですね……」と曖昧に笑って返すことしかできなかった。

住民が去った地域で

四月二二日には、原子力災害対策特別措置法に基づき、警戒区域が設定された。原発から半径二〇キロ圏内地域にはバリケードが張られ、人の自由な往来はできなくなった。

町に人がいなくなると、当然、住民からの救急・救助要請はパタリとなくなった。双葉消防本部は、消火活動に必要な水利の点検・確保や道路状況の確認のほか、放射線量の定点観測や墓地の枯れ草の刈り払いなど、本来の消防の仕事ではない活動も行なった。

富樫正明は、「消防の仕事ってなんだろう」と問い続けていた。地域住民がいて、災害から住民を守るために消防士は存在するのに、人がいない。自分は何をするのか？　というジレンマがあった。「双葉郡」を守るのか、「人」を守るのかは別の話で、一人一人に解釈の違いがある、と富樫は言う。原発事故に端を発した避難という特異な状況も重なり、一人、また一人と、早期退職者や離職者が増えていった。放射線量の高い地域での活動を不安に思う職員もいたし、遠方に避難した家族のもとで暮らすことを選んだ職員もいた。

この頃、植杉友威は、道路調査や放射線量測定で川内村内を巡回する時に、賞味期限の切れた支援物資のパンを袋いっぱい持ち出し、つながれたままの飼い犬たちに配っていた。この家にはこの犬がいる、あの家にはあの犬がいる……と覚えて回っていると、いつしか救急車が来るだけで、犬のほうから近寄ってくるようになった。犬だけではなく、取り残された豚にも袋いっぱいのパンを持っていった。川内村内で把握できた生き物にしかエサはあげられなかったが、心配して避難先から様子を見に来た住民は、飼い犬が生き続けていたことに驚いていたようだった。

町が機能していなかったため、ゴミがたまると、管外のゴミ焼却施設まで運んだ。森寿一は、係員に「放射線量を測定させてくれ」と言われてショックを受けた。「そう思われるのか」と思うと同時に、「気になるのだろうな」と理解した。ゴミは収容してもらえたが、降りかかった差別は澱《おり》のように残った。

五月一日。遠藤朗生は、林浩《はやしひろし》(45・福島県消防学校教官派遣)と入れ替わる形で、福島市の消防学校へ派遣教官として赴いた。四月九日から始まった沿岸部の捜索活動も継続中だったので、後ろ髪を引かれる思いだった。「教官」と「航空隊」は二年間の任期で、その間は地元での活動から離れることになる。「航空隊」は消防士の憧《あこが》れの的《まと》で、かつて航空隊に選ばれたときは遠藤もうれしくて仕方なかったが、教官の職務は望んでいたわけではなかった。特に、いまは、双葉郡がもっとも大変なときだ。「教官の派遣に行きたくないです」と上司に伝えてみたが、「こういう状況だからこそ、行ってこい」と言われた。

福島市内にアパートを借り、教官の任務が始まると、一人になるのが怖かった。川内出張所では、たくさんの職員と寝泊まりしていたからこそ、孤独感に苛まれずに済んだ。半年ほどの間は、震災直後の怖い夢をよく見た。真夜中にぱっと目を開けると、三号機が爆発した様子がつぶさに浮かぶ。若い職員の前では、怖がっているところは見せないようにしてきた。しかし、現場から少し離れてみると、怖くなるものだった。

草野重信は、双葉郡内に活動で入ることはあっても、楢葉町にある自宅に戻ることはなかった。二〇一一年五月から住民の「一時立ち入り」が始まり、発災後初めて自分の家を訪れ、他の家と同様に自宅も荒れ果てていることを知った。

普段、気丈な母が、「なぜ、自分の家に、警察に付き添われて、防護服にマスク姿で帰らなくてはならないのか」と言って泣いた。かつて自分たちの住んでいたところが塀の外で、避難先はまるで牢屋《ろうや》のようだった。牢屋から出て、ようやく外の空気を吸えるかのような気持ちで、自宅に戻った。

草野は、竿石《さおいし》が倒れたままのお墓を拝んでいた人を見かけたことがある。先祖代々、大切に受け継がれたお墓すら直せない土地になってしまった。双葉郡は特に、先祖から受け継いだ土地やお墓を大切に守る風習が色濃く残る。「平安から受け継いできた土地だ」「私で七代目だ」「長男はこの土地に戻って家を守るのが当たり前だと思って成長した」といった話をよく耳にする地域だ。草野は、お墓が荒れ果てたままであることを情けなく思うと同時に、人間の尊厳が損なわれたような思いがした。

「死の街」

九月、鉢呂《はちろ》吉雄《よしお》経済産業大臣が双葉郡を視察し、「死の街」と発言して責められ、辞任した。岡本博之は、その発言に対し、怒る気持ちにはまったくならなかった。牛、豚、イノシシ、ダチョウ、サル、アライグマ、タヌキ……大小の動物が自由に闊歩《かっぽ》し、建物も少しずつ朽ちていく。それを、すぐそばで見続けてきた。

避難者の多くも、「死の街」発言を「その通りだ」と思っていたのではないか、と岡本は言う。賠償金なんていらない。ここを、この地域を、国はどうしてくれるのだろう、と思っていた。

牛や馬やダチョウが歩きまわるのを見て、渡邉克幸もまた、「動物を見回っているみたいだ」と思った。物音のしないゴーストタウンだった。

動物の排泄物を発酵させて熱エネルギーを発生させる富岡町の事業所では、火災も発生した。三つのテントいっぱいにためた糞の発酵がすすみ、放っておくとどんどん熱が上がってしまうので、定期的に水をかけなくてはならなかった。火災を防ぐために、毎日毎日、温度を測定し続けたが、強烈な臭気をおびるうえに、「やりがい」のある仕事とは言い難く、精神的にまいりそうだった。

春になれば、無人になった町で、夜ノ森の桜が美しく咲く。「死の街」に、それでも時間は流れているのだと思いながら、安藤哲寛は桜を眺めた。

管内に電気が開通すると、それまで真っ暗だった夜の町並みに、街灯で照らされる場所が戻った。しかし、信号機は点滅を繰り返し、人の気配はない。

まるで神隠しにあったかのようだったと酒井真和は言う。かつては、地域のじいちゃん、ばあちゃんに声をかけられたり、小学生から手を振られたり、地域の消防士として活動している実感があった。石川俊勝も、訓練をしていれば友人が「通りかかった時に見かけたぞ」と連絡をくれたり、コンビニに行けば、「おう！」と中学時代の友人から声をかけられたりする機会もあった。住民が避難してからは、友人たちはバラバラになり、連絡もしなくなってしまった。土地と、そこに住む人との関係性で作られていた町の雰囲気は消えてしまった。

また、土地とコミュニティとが一緒に失われると、これほど精神的ダメージを受けるものなのか、と藤田大治は実感していた。住んでいた地域に対して特別「ここが好き」というのはなかったし、原発事故前には生まれ育った町に対して何の感情もなかったが、今はあの頃のことを大事に思う。失って初めて「当たり前」が当たり前ではないこと、それがどれほど大切なものであるかを知ったと、何人もの消防士が口にした。

緊急援助隊も来ない、ガソリン供給のタンクローリーですら、なかなか来てくれない、そんな双葉郡は「陸の孤島」になってしまったのだと酒井真和は感じていた。普通の人が逃げ出すようなところで自分たちは活動しているのだ、と。

酒井は、生まれ育った大熊町の熊川海岸が好きだった。南側に馬の背岬がきれいに見えて、波が穏やかな日は月が海に映る。今ではそこも、閉鎖されてしまっている。

消防機能は再建されたが

二〇一二年四月、双葉消防本部は広野町サッカー支援センターに移設され、それにともない、現場活動隊も川内出張所から楢葉分署に移った。町の帰還や再開へのあゆみに合わせて、消防機能も少しずつ浜通りに戻っていった。

二〇一三年四月からは浪江町役場の労働組合事務所を借用し、浪江消防署臨時拠点を設置。二〇一四年四月からは「サンシャイン浪江」の施設利用を了承され、そこに浪江消防署臨時庁舎を開所した。また、二〇一五年一一月からは富岡町消防団第一分団屯所《とんしょ》を借用し、富岡消防署の一部機能を再開した。二〇一八年七月、八月と相次いで富岡消防署新庁舎、浪江消防署新庁舎が開所し、現在は事故前と変わらない体制で消防活動が行なわれている。

救急・救助要請が途絶えた一年目、二年目には、モチベーションが下がった職員もいた。身体を使う仕事よりも、頭を使う仕事が増え、自分たちの救助技術の維持が難しくなり、屋外訓練の時間も減っていた。特に、原発事故直後の一年間は、出動件数もほとんどなく、誰もいないところをぐるぐる警戒していて、「意味があるのだろうか？」「何のためにやっているのか？」と思ったと話す職員も多かった。

遠藤と入れ替わり双葉郡に戻った林浩は、事故から一年ほど経ったある雪の日、仕事で外に出かけ、署に戻ると、若い職員が雪の中、訓練しているのを見かけた。ああ、訓練をしたいんだな、災害に対応したいんだな……と、それを見て思った。消防士は、基本的に「人を助けたい」と思ってその仕事に就く。しかし、町に人はいない。

二〇一一年九月からは、応急仮設住宅への「ふれあい巡回訪問」が始まった。計画書を書いたのは、鈴木達也だった。消防士が守る「生命、身体、財産」のうち、住民が避難してしまった土地では「財産」しか守ることができない。せめて避難した人たちと接触を持たせてほしいと、警察および避難先の関係各所と交渉し、双葉消防本部による応急仮設住宅への個別訪問を行なった。避難中の住民から、体調の変化や、生活の困りごとを聞き、避難先の役場や消防とつなぐ役割を果たそうと考えた。根幹には、地域のコミュニティを失いたくない、という気持ちもあった。高齢の住民にとっては、若い消防士は「孫」と同じくらいの年で、歓迎されることが多かった。

応急仮設住宅への「ふれあい巡回訪問」事業では、郡山市、二本松市、本宮市などに避難した町の人々と再会することができた。その交流で酒井真和は、「あの町に人がいなくても、住民の人たちは避難先で生きて、元気でいるんだ」と少しだけほっとした。

原子力災害のもとでは、何をしても正解がなかった。それならば、まずは行動に移してみて、それを次に活かすという方法しかない。「ふれあい巡回訪問」は、そんな鈴木の思いもあった。

この「ふれあい巡回訪問」で、黒木マーカスカツフサはある事実を知った。ある時、女性が黒木のもとへ来て、「私の母が、双葉消防の服を着た方に助けていただいた」と言う。それは、津波来襲直後のことだった。双葉町両竹《もろたけ》にある小さな山に、諏訪神社という小さな祠《ほこら》がある。高齢の女性は津波にのまれ、下着姿でそこまで逃れた。その時、同じように神社へ逃れてきた「双葉消防」の上衣を着た男性が、上衣と靴を脱いでその女性に貸してくれたというのだ。その時の礼を言うために、声をかけてきた。

その時に、その場所にいたと思われる双葉消防の職員は、一人しかいなかった。双葉町役場に向かった黒木の先輩で、双葉消防本部で唯一、津波に流された人だった。先輩が無事に署に戻ってきたのは暗くなってからだったが、数年前に職員が着ていた古い活動服姿だったことを黒木は覚えていた。服と靴を女性に貸し、先輩は三キロほど裸足で歩いて自宅まで戻り、昔の活動服に着替えて署に戻っていたことを、黒木はこの時に知った。その先輩は、それを誰にも言うことなく退職している。

双葉消防本部では、二〇一六年度末時点で一〇三名まで職員の数が減少していた。事故当時から二二名少なくなった体制では、警戒区域巡回、避難指示解除準備区域等に入る住民救護などの十分な消防業務が困難になった。そのため、二〇一七年四月から九月末まで、双葉消防本部は福島支援全国消防派遣隊の支援を受け入れている。全国からのべ六四隊、一九五人の消防士が集まり、双葉消防本部の職員と活動をともにした。

「支援隊の活動もありがたかったが、なにより心が救われた」「事故直後に緊援隊が来てくれなかった孤独感は、この時に解消できた」と話す職員もいる。

それまで、「自己完結」のような内向きの活動を続け、「このメンバーだけでなんとかしなくてはならない」と、目の前のことに日々追われていた。林浩は、この福島支援全国消防派遣隊が来てくれたことで、職員みんなが明るくなったと感じていた。

例えば、こんなことがあった。横浜市消防局特別高度救助部隊の消防士と、大阪市消防局の消防士とで、ロープ・レスキューの方法が違った。非番の日に、横浜と大阪の消防士がすり合わせバージョンを作り、訓練の時に「双葉バージョン」として教えてくれたのだ。林はそのことに感動したが、なにより、全国の精鋭の消防士がともに試行錯誤してくれたことで、若い職員がやる気と活気を取り戻していた。

しかし、派遣隊の支援を受ける期間が終わると、再び孤独な消防活動が続いた。管内で何度か発生した山火事の消火活動は、まるで地獄のようだった。かつて震災前には、山火事が起きると消防団も集まり、野次馬《やじうま》の住民を誘導しなければならないほどのお祭り騒ぎだった。しかし、原発事故後の山火事は、双葉消防本部だけが現場に向かい、全面マスクのフル装備でひたすら孤独な消火活動を行なう。最初の数年間に起きた山火事の消火活動では、「見放されてしまったようだ」と草野重信は感じていた。

二〇一七年のゴールデンウィークに発生した浪江町十万山《じゅうまんやま》の山火事にも、双葉消防本部は対応した。帰還困難区域での山火事。火災発生の二日目からは福島県内の他の管轄の消防や自衛隊も出動し、報道でも大きく扱われていた。小松裕之は、鎮火までの一二日間、ほとんど毎日出動していた。全面マスクのフル装備に加え、二〇リットルの消火器具を担いで山に登る。初夏の暑さもあるなか、現場まで約二キロの道のりだった。

「この時の消火活動はあまりにも過酷だったから思い出したくない」と苦笑いする職員や、「終わりが見えなくて、原発事故から七日間の『超急性期』と同じような気持ちだった」と話す職員もいた。後方支援を担当していた新妻健治は、資器材搬送と可搬ポンプの設置などを行なっていたが、活動を終えて自宅に帰ると、夜一〇時をまわっていた。しかし、早朝三時には現場へと向かわなくてはならず、精神力と体力勝負だった。

避難指示解除と「自立の強制」

浪江町の沿岸部に住んでいた荒浩幸の自宅は、津波に流されてしまった。自宅にあったソファーや本、トラクターなどが周囲に散乱していたが、自宅は跡形もなくなってしまった。一番戻ってきてほしかったのは子どもたちの写真だったが、アルバムも流されてしまった。避難指示が出ていた地域ではあるが、津波被害を受けた宅地・建物の損害は「自然災害」とされてしまい、東京電力からの賠償はなかった。

妻と子ども三人は当初、福島市に避難していたが、そこも放射線量の高い地域で、除染をしても線量は下がらなかった。夏休みになり、妻と子どもは北海道で行なわれていた保養(被ばくを低減させるために放射線量の低い地域に滞在すること)に行き、結局は福島市から北海道へと避難した。それからは、二カ月に一度、フェリーで一五時間かけて北海道の家族に会いに行った。かつて子どもたちが小学生の頃は「お父さん、消防士をやめてこっちに来て」と言っていたが、その子どもたちもすっかり大きくなった。二カ月に一度、北海道に通う暮らしは今も続いている。

親戚は、みなバラバラになってしまった。震災前は頻繁にやりとりがあったが、母親が危篤になった時も、連絡がためらわれた。避難先で苦労していることや、遠く離れて移動が大変なことを考えると、自分だけで対応するしかないな、と思っている。

二〇一七年の春、避難指示が解除され、浪江町の一部は住めることにはなったが、メディアはいいところだけを報道しているように荒は感じている。避難指示が解除されても、すぐ近くに放射性廃棄物の減容化施設が作られている。「そこに帰れ」と言われても、そうはいかないと考える人もいるだろう。

大変な時に人の温かさに触れることもあれば、その一方で、権力やお金が絡んだ、人の嫌なところも目の当たりにした。「絆《きずな》」という言葉も飛び交っていたが、「ないものを文字にするんだな……」と思ったこともある。「なんで帰れるのに帰らないの?」という言葉を耳にすることもあるが、そのたびに複雑な思いを抱えた。居住地を「ここ」と決められ、除染が済んだ復興拠点へと戻るのが浪江町の現状だ。それでも戻りたい人もいるかもしれないが、そういうことではないと思う人もいるだろう。まるで自立の強制が行なわれているようだ、と荒は言う。

原発事故当時、栗原一旗は、上司から命令されたら、原子炉の冷却作業にも行かなくてはならないのだろうと思っていた。しかし、八年以上が経ち、結婚して幼い子を持ついま、同じ状況になったら「行きたくありません」と言うかもしれない……と当時を振り返る。あの時はわからなかったけれど、と前置きをして、「幼い子どもがいた職員は大変だったと思う」と語る。「最前線に行くのは苦渋の決断だっただろう」と語る若い職員も何人かいた。

栗原は、避難指示解除についても、放射線量が境目で分かれているわけではないことを思うと、「それでいいのかな」と考えている。避難指示が解除されても、戻る子どもが増えていく傾向にはなっていない。

かつて所属した野球チームの仲間は、いわき市、福島市、郡山市など、みなバラバラに生活している。「避難がなければ、一〇分、一五分の距離で集まることもできたし、子どもたちも一緒に遊ばせられたのにね」と、会うとそんな話をする。

孤塁を守る

「最近、一日で三件の出動があったんですよ」と大川原禎人は言った。急病、交通事故、解体工事作業中の労災の三件だった。もちろん、出動は少ないに越したことはないが、若い職員が「消防署らしい」と言った。なにしろ、現場経験が少ない。大川原も、あれから八年が経ち、現在二八歳。消防士長という、隊長になってもおかしくない肩書を持つようになったが、本当に自分にできるだろうか、と不安に思うこともある。

娘たちの人生に関わり切れなかった、と鈴木達也は振り返っている。双葉郡内で続けた仕事は、避難先の家族との距離を広げ、進学、就職と、大切な時期に、家族との時間を十分にとることができなかった。状況が少しだけ落ち着いてきたからこそ、考える時間が増え、苦しみ始めた一面もある、と鈴木は言った。

草野重信は、「『祭り』のあとの片付けが寂しいんですよ」と言った。県外からさまざまな人・団体がやってきて、地域を盛り上げるためのイベントを開催してくれた。芸能人が来ることもあった。そのイベントの片付けは消防も手伝う。祭りの熱が、日が暮れるのと同時に冷めていき、参加していた人々もいなくなる。ふと、取り残されるような、さみしい気持ちになる。そうすると、「祭り」なんてなくてもいい、とすら思ってしまう、と。

震災を契機に、それまでの生活が大きく変わってしまった、と徳田哲也は言った。かつて住んでいた浪江町では、休みの日には農業をし、隣近所とのつながりも深く、そういった生活がとても大切だった。現在は福島県田村市に住んでいるが、地元の友人とのつながりも途絶えてしまった。経験していない人には伝わりにくいかもしれないけれど、そういった思いをしていることは知ってほしい、と思っている。

幼い子どもたちが、海に入れる年齢になり、ようやく双葉海水浴場に遊びに連れていける頃に、震災が起きた。黒木マーカスカツフサは、自分にとっての「町」とは、人、環境、幼い頃からの歴史と未来、そういったものをすべてひっくるめたものだったのだと感じている。

自分に関係ないことを、人は忘れてしまう。でも、大きな災害や事故が起きてからでは遅い。起きる前に、できる何かを探してほしい。知ることで、被害者・被災者、そして亡くなってしまう人が少しでも減ってくれればいい、と黒木は願う。猪狩聡道もまた、どこで災害が起きてもおかしくない今、明日は我が身と思って万全に備えてほしい、と言った。

消防職員は、常日頃から「非日常」に自ら飛び込んでいく職業だ、と木村匡志は言う。誰かが発する「助けて」という声に向かっていく。ある程度の理不尽には耐えなくてはならない場面もある。しかし、今回の原子力災害は、その理不尽な状況がいっときで終わらず、非日常が続く。次第にそのことに慣れてしまっているが、背負っていかなくてはならないこともあるのでは、と木村は感じている。それは、記録を残し、自分たちの経験をあとにつなげることだ。

「復興」がすすんでいるかと言えば、そういう側面もあるのかもしれない。解体された建物の敷地に新しいアパートが建ち、町の景色はどんどん変わる。自分の故郷なのに知らない土地のようで、「復旧」というよりも、なくなっていくようだ、と話す職員もいる。かつての住民も少しずつ戻ってはいるが、いまだに数パーセントから数十パーセント。遠方の地名のナンバーを掲げた車と、見知らぬ人は増えた。それを、「顔見知りが、知らない人なんです」と表現した消防士もいる。「広野町で子どもの姿を見かけて、驚くとともにうれしかった」と話す職員もいる一方で、「自分の住んでいた町が元のように戻るのは、もしかしたら五〇年先、一〇〇年先のことかもしれない」と言う職員もいる。

箱モノがたくさん作られても、地域の本当の意味でのコミュニティ活性化からは程遠い、と言う職員もいた。帰ってきている方は高齢者が多く、若い世代は、医療、福祉、学校などの生活環境を総合的に判断して考え、戻らない人も多い。地方の過疎化、人口減少問題を考えれば、双葉郡は果たして残るのか、と考えている職員もいた。自分たちの活動が歴史に残ることもいいが、そもそも、まだ歴史の真っ只中にいるのではないか、とその人は言った。

「私たちは、もう大丈夫だ、という側面もあるし、まだ大丈夫ではない、という側面も持っている」「『頑張ってください』という声に、やっと『ありがとうございます』と返せるくらいにはなってきた」と、ある職員は語った。「『大変だったね』と声をかけてもらうけれど、まだ終わっていないんです」と訴える職員もいる。原子炉がいつどうなるか、廃炉作業が終わるまでは安心はしない、と話すその消防士は、三号機が爆発した時に、原発から数キロの距離でその爆発を目の当たりにした人だ。

「こういう思いを、二度と、誰にもさせたくない。人間がコントロールできないものは、作ってはいけないと思います。新潟県の検証委員会のように『本当はどうだったのか？』と原因究明をしてほしい。それをひもといて、我々の二の舞になることは起こしてほしくないんです。日本がなくなってしまう」

これは、二〇一九年三月に定年退職をした渡邉敏行の言葉だ。これほど風化が速いとは思っていなかった、と彼は言った。事故当時に過酷な活動を続けながら、「ヒーローになる必要はない」とそれらが報じられることもないまま、淡々と孤塁を守り続けた彼らがしばしば口にするのは、「忘れないでほしい」という言葉だ。そして「我々の経験を活かしてほしい」。あるいは、「教訓にしなくてはならないようなことは、二度と起きてほしくない」と。

彼らは、地域の人々を守る消防士であり、また、生まれ育った地域を大切にしていた生活者だった。そして、原発避難を経験した住民でもあり、今なお、双葉郡の人々の命を守るために奔走する消防士である。

エピローグ

遠藤朗生は、二五歳で消防士になった。消防の仕事は、かつて数年間働いていた民間企業とは大きな違いがあった。「生産」する仕事ではないため「完成」がない。「どうやって人を助けるか」「どうやって火を消すか」ということを常に考え、どんな訓練をやろう、と考えながら通勤するのが好きだった。

「完成」はないが、手応えはあった。原発事故の一〇年ほど前、遠藤は双葉消防本部から「航空隊」として派遣された。航空隊は、福島県内の一二消防本部から九名が集まり、二年間の活動を交代で行なう(現在は三年間)。その航空センターで活動しているときに、雪山での遭難者を救助したことがあった。

遭難したのは、山スキーに来ていた社会人と大学生の二人だった。悪天候が続き、捜索は難航した。ヘリコプターも飛ぶことができずにいたが、「今なら行ける!」という三日目の一瞬の晴れ間を狙って、空からの捜索を開始した。

雪山の遭難者は、服装にもよるが、上空から見つけられることはあまりない。しかし、その日は奇跡的に、ビバークしていた二人を見つけることができた。ヘリを近づけ、上空三〇メートルから降下し、一人ずつ救助した。凍傷がひどかったが、意識はあり、幸い命に別状はなかった。装備も軽装で、発見が遅れたら危なかった、と遠藤はほっとした。

その後しばらくして、救助された二人が航空センターにわざわざ礼を言いに訪れた。さらにそののちも、結婚した時や子どもが生まれた時など、事あるごとに連絡をくれ、「あの時、助けてもらったから、今があります」と伝えてくれた。遠藤は「一人を助けたら、その子や孫も残っていく」と、「命の連鎖」を感じたことを、消防生活のもっとも印象深い出来事として覚えている。

その「命の連鎖」を思いながら消防活動・人命救助を続けてきた遠藤は、あの時、「自分たちは捨て石になるしかないのか」と考えていたのだ。

もう一つ。

葛尾村には大きなグラウンドがある。野球場が二面もとれる広さのそのグラウンドが、父、松本孝一と、息子の敏希《としき》の二人きりの練習場だった。

きっかけは、敏希が小学校四年生の時に開かれたある地域のイベントだった。敏希は、幼い頃から野球が好きで、小学生になるとすぐに地域の少年野球チームに入った。そのチームで、少し高価ないいバットを購入することになった。敏希が、「イチローみたいなバットだ」と無邪気に喜んでいたところ、そのイベントに参加していた男性が「打てないんだったら、いいバットを使っても仕方ないだろう」と敏希に言ったのだ。それを、父が耳にしていた。

父と敏希の特訓が始まったのは、それからだ。近所のバッティングセンターから、買い物かごいっぱいの古くなったボールをもらい、学校が終わってからの夕方四時～六時は父との野球の練習の時間になった。父は、二四時間勤務が明けた非番の日は、必ず練習に付き合ってくれた。かごいっぱいのボールで、ひたすらトスバットで打撃練習も行なったが、父はノックバットも買い、父が打つ球で守備の練習もした。夏の暑い日も、冬の寒い日も、「グラウンドに四時集合」が約束だった。練習が終わると、「豆が破けて痛いね」と言い合いながら、二人でお風呂に入った。自分だけではなく、ノックをする父も豆が破けていたのだ。その練習は二年以上続いた。

父の特訓のおかげもあり、どんどん上達した敏希は、少年野球チームでも活躍し、中学校ではキャプテンを務めるまでになった。勉強も野球も努力し、地元では強豪として有名だった双葉高校の野球部に入部し、ひたすら練習に励んでいた。大学には必ず野球で進学しようとも考えていた。二〇一一年三月一一日、大地震の瞬間も、グラウンドでバッティング練習中、レフトを守っていた。

高校野球は、一二月から二月までの冬季は、対外試合が禁止されている。翌日の三月一二日は、待ちに待った久しぶりの試合だった。対外試合が禁止される直前の秋の試合では、一年生の敏希はレギュラーとベンチの境目にいた。相双地区の大会では、怪我をした先輩の代わりに、一年生ながらピッチャーも務めた。「明日から、春に向けた新チーム。自分たちの代でも、東北大会に行く」と意気込んでいた矢先の地震・津波と原発事故、そして、双葉郡からの避難だった。

自宅は大熊町。母と姉とともに、山を越えて郡山市の親戚宅に避難をしたあと、一四日、双葉郡に残って活動を続けていた消防士の父から電話が入った。「郡山から出て、もっと遠くまで逃げたほうがいい」。母は父に「一緒に逃げて」と言って泣き、敏希も「この世の終わり」のように感じていた。特に、母の心労は大きかったと敏希は思い返している。父を案じながら、でも、父を置いて遠くへ逃げなくてはならない。車を運転できたのは母だけだった。せめて、姉か自分が、当時、運転免許を持っていれば……と、今でも思う。

父、松本孝一は、「あんなに野球が好きで、これからだね、という時に、避難しなくてはならなくなって、本当にかわいそうな思いをさせた」と話していた。野球の道具だけは持って避難をするほど大好きだったんだ、と。その松本は、一五日には、原発構内での消防活動を想定して、妻と子どもあてに遺書を書いている。

敏希は、避難先の高校でも野球を続けたが、強豪チームで野球に没頭できた頃とは環境が変わった。思い描いていた未来とは少しずつずれていった。野球で進学をするのはやめて、福祉を学べる大学に進学した。「野球をやめた自分には何が残るのだろう？」と考えた。物心つく前から、「野球」を中心に生きていた。

資格があれば、どこでも生きていけると思い、大学では介護福祉士、社会福祉士の資格を取った。社会福祉や介護の知識があれば、暮らしに安心が持てることも実感した。現在はいわき市で、夢だった子どもと関わる福祉の仕事に就き、今度は精神保健福祉士の資格にも挑戦する。いつか、世界を旅しながら福祉先進国の制度を学んでみたいという夢もある。

大人になり、野球を観ている敏希に、父が、ふと言った。

「もっと俺が、野球を知っていたらよかったんだよなぁ」

敏希は、「そういうことじゃないよ……」と涙が出そうになった。かつて父が、野球の本を買い、父なりに野球を勉強しながら自分に教え続けてくれたことを、敏希は知っている。

そういった一人一人の歴史のうえに、3・11はある。

あとがき

二〇一八年一〇月から双葉消防本部に通い、原発事故当時に活動し、現在も活動を続けている六六人から話を伺った。当時活動していた一二五名のうち約半数は、原発避難にともなう家族との兼ね合いや、定年などの理由で退職されている。

双葉消防本部(楢葉町)、浪江消防署(浪江町)、富岡消防署(富岡町)、楢葉分署(楢葉町)、川内出張所(川内村)、葛尾出張所(葛尾村)の会議室や食堂、事務所内で、一人一時間半から長い人では四時間以上、各人一回〜三回ほど、当時のことを聞き続けてきた。その証言を時系列に並べ、背景を添えた。多くのことを話していただいたのに、ここに書き切れなかったことはたくさんある。

なかには、当時を思い出したくない人もいただろう。実際に、取材はどうしても受けられない、という方も数人いて、当時活動していた職員全員というわけではない。もう九年と思う人もいるだろう。しかし、「まだ」九年である。一人一人がさまざまな思いや苦悩を抱えるなかでそれを聞かせてもらい、文字にすることは、常に「伝えたい」「残さなくてはならない」という思いと、「申し訳ない」「恐れ多い」という思いの繰り返しだった。事実と証言だからこそ、取捨し、まとめるということに対し、自責の念に苛まれる。一人一人にそれぞれの思いがあることは、強調しておきたい。また、私は、事故を起こした原発から供給される電気を使い続けてきた関東の人間であり、そして「原発」を知らず知らずのうちに容認したこの時代の人間である。そして、癒えていない傷をこじあけてしまう取材者である。

話を聞くたびに思っていたのは、「生きているからこそ話が聞けるのだ」ということだった。あの時、一秒先も見通せない状況下で、消防士たちは確かに命を脅かされ続けていた。しかし、彼らはその重く苦しい経験を、私に気を遣ってか、あるいは放射線に対する認識の違いを推し量ってか、あるいは時間の経過がそうさせるのか、時に笑いを交えながら、時に淡々と、「だいぶ記憶が薄れてしまったなぁ」と言いながら、話す。

話を伺いながら、何度も涙をこらえたが、どうにもならないほど感情があふれてしまったことがあった。二〇一九年一月五日、富岡消防署で出初式《でぞめしき》があり、消防・救急活動のデモンストレーションを見た時だった。

スピーカーから出動の命令が響き、並べられた消防車両に、放射線防護装備をした職員が走って乗り込む。一台ずつ並んで移動し、火災現場と想定された訓練塔のそばに車両を停めると、ホースを伸ばし、一斉に放水する。傷病者を想定し、救急車が近くに横付けされ、ストレッチャーを運び、救急車に乗せていく。会議室で一対一で向き合って話を聞くのとは違う、彼らの実際の活動を、初めて目の当たりにした。

「あの時、こんなふうに出動していったのか」という思いが全身を貫いた。「あの時」とは、「生きて帰れるだろうか」と不安を抱えながら消防士たちが現場へと向かった数々の活動のことだ。「生きていてくださってよかった」という思いと、しかし、それは紙一重で叶わなかったかもしれなかったのだ、という思いで、震えが抑えられなかった。カメラを構えながら放水中の細かい水しぶきを浴びて泣く私は、周囲には奇妙に映ったと思う。すぐそばでデモ放水のホースをつないでいた消防士は怪訝《けげん》そうな様子だったが、嗚咽をとめることができなかった。

本文では、私の個人的な思いや感情は排し、証言と事実を書き続けたが、一点だけ、そのルールを横に置いたところがある。日々鍛え、屈強な身体の消防士を前に、こんなことを言ったら笑われるのかもしれないし、活動における線量限度のルールの中でやってきているよ、と言われるのかもしれないが、それでも私は、彼らの命がもっと守られてほしかった、と思う。そして、そのためにどうしたらよかったのか、と考えている。

この一年の取材の間に、何人もの消防士が「特攻」という言葉を使うのを耳にした。原発事故の被害者から、しばしば「戦争の言葉」を聞くのは、多くの人の「命」が危険にさらされた、起きてはならない歴史的事件だったからだ。

初めて双葉消防本部に行った時に話をしてくれたのは、今は退職された渡邉敏行さんだった。その渡邉さんが、「全員から話を聞いてもいいよ」と言ってくださったのを真に受け、「本当に全員の方からお話を伺いたい」とお願いした。郡山市から浜通りに何度も通ったが、双葉消防本部のみなさんが、川内村からどういうルートで郡山市に搬送したのか、あるいは川内村からどういうルートで大熊町の現場に向かったのかを、その往復によって私自身が理解する手助けにもなった。中通りから浜通りに抜けるには、山を越える。「郡山市への搬送」や「浜通りへの出動」は、一言で言えば簡単に聞こえるが、つまり、一〜二時間ほどかけて毎回、山越えをしているのだ。

私は常に涙をこらえる側だったが、たった一度だけ、若い消防士が、涙を流すのを見た。「自衛隊やハイパーレスキュー隊のことは報道されたが、双葉消防本部の活動だけが報道されず、誰にも知られていなかったことがつらかった」とその消防士は言った。陸の孤島となった双葉郡で、小さな消防本部が頑張っていたんです、と。先輩たちの活動を、もっとも近くで見続けてきたからこそ、思わずこぼれ出た感情だったかもしれない。

どのような立場の方からお話を伺っても、思い出す言葉がある。双葉町から埼玉県に避難をしている女性が私に伝えてくれた言葉だ。

「私たちは、この道を右に行くか、左に行くか、というところから、何かを選ばなくてはならなかった。そして、『いまのあなたの置かれた状況は、あなたが選んできたものだ』と言われてしまう。でも、いつも、『選びたい』と思う選択肢なんて一つもなかった」

私はこの言葉を忘れたことがない。消防士から話を伺っているときにも、この言葉を何度も、何度も思い浮かべた。

いつか、誰もが、選びたいものの中から、気ままに何かを選び取れる、あるいは、もう何も選ばなくともよい、そして、選んだものに対して他者から何かを言われて傷つくことのない、本当の「復興」が来ることを。そして、過去から続く「未来」を奪う出来事が、もう二度と起きないことを。そのために何ができるのか、考え続けたいと思う。

この本を書くにあたっては、多くの方々に助けていただいた。地方自治総合研究所の今井照《いまいあきら》さんには最初に相談に行き、自治体における消防の位置付けや、当時のオフサイトセンターのことなどを教えていただいた。また、減災・防災活動に詳しい弁護士の永井《ながい》幸寿《こうじゅ》さんには、原子力災害と自然災害での消防の役割と法律について教えていただいた。永井さんは、「東京電力が地元消防に直接助けを求めたのであれば、法的には間違っている」と見解を語ってくださった。そして、双葉消防本部の取材を始めた頃、あるシンポジウムで宇都宮大学の清水奈名子《しみずななこ》さんが、「原発事故においても、男性はかくあれ、というものを押し付けられてしまった」とジェンダーの視点から示唆してくださった。自らの命や家族を思い、内心では恐怖を感じ、「逃げたい」と思っていた消防士もいたことも改めて考えさせられた。

当時の消防長であった秋元正《あきもとただし》さんにもお話を伺った。社会が成熟し、生活単位が小さくなっていくなかでも、一人一人は地域に守られている。その中で、「消防の役割とは何か」を考えておられた。退職後も川内村に住み続け、現在は川内村の教育長を務めている。シナリオのない消防の世界で、「次の一手を考えておけよ」というのが口癖だった。

そして、岩波書店『世界』編集部の編集長・熊谷伸一郎さん、大山美佐子さんには、連載開始前からさまざまなアドバイスをいただき、大変お世話になった。当初の予定を超え連載を七回まで延ばし、書籍化にまでつなげてくださった。度重なる出張に協力してくれた家族にも、感謝を伝えたい。

最後に、双葉消防本部の大和田仁現消防長、渡邉敏行元次長は、本部として取材を受けてくださることを決め、本部の加勢信二課長には何度か相談に応じていただき、秋元康志さんは、一年以上、毎月の取材スケジュールを調整してくださった。志賀隆充さん、遠藤朗生さん、渡部友春さん、富樫正明さん、木村匡志さんなど、複数回の取材に応じてくださった方もいる。また、木村匡志さん、松本孝一さんには、ご家族にも取材に応じていただいた。

小松裕之さん、坂本広喜さん、渡邉満秀さん、猪狩拓也さん、磯部晋也さん、佐々木匠さん、酒井真和さん、井出泰平さん、金澤文男さん、渡邊淳也さん、鈴木直人さん、岡本博之さん、徳田哲也さん、渡部真宏さん、佐藤圭太さん、藤田大治さん、工藤昌幸さん、関貫一郎さん、佐藤良樹さん、新妻雅人さん、清水司さん、大和田洋陽さん、草野重信さん、宮林晋さん、新妻健治さん、横山典生さん、笹田丞さん、松本和英さん、松本剛幸さん、安藤哲寛さん、根本達也さん、林浩さん、渡邉正裕さん、長沼謙市郎さん、鈴木達也さん、野村浩之さん、堀川達也さん、牛渡三四郎さん、松林俊樹さん、栗原一旗さん、畠山清一さん、森寿一さん、大川原禎人さん、藤田知宏さん、石井俊久さん、松野真一さん、黒木マーカスカツフサさん、植杉友威さん、中島徹さん、大山圭介さん、荒浩幸さん、猪狩聡道さん、阿部真楠さん、石川俊勝さん、木下佳祐さん。

お一人お一人が、お忙しい時間を割いて、お話を聞かせてくださった。その途中、出動が入り、駆け出していく姿を見送ったこともある。

「申し訳なさを一生背負わなくてはならない」と言った渡邉克幸さんに、私はかける言葉が見つからなくて、「そんなふうに思わないでください」と言うのがやっとだった。社会の構造の中に原発があり、地域があり、守りたい家族や誰かがいて、一人の人生があり、あの事故があり、それらの中で生きている私は、彼に何かを「背負わなくては」と思わせてしまった一人だと思った。消防という組織のルールの外側から私がそう思ったところで、それは単なるきれいごとだし、克幸さんがいくらか救われるということでもない。ただ、私がその一人だ、という思いをぬぐえない。

双葉消防本部の消防士たちから、また、彼らが守ろうとした地域の人々から、頭を垂れて学ぶことがたくさんある。今でも、二〇一一年三月のお話を伺うたびに、紙一重だった命を思い、恐怖で鳥肌が立つ。そして、自分の無力を思い、小さくなる。

ここまで、私は、「バトンを渡す」という思いで書き続けてきた。どうか、このバトンを、あなたも受け取ってくださることを願う。

二〇一九年一一月の晴れた日に

吉田千亜

参考文献

『政府事故調　中間報告書』東京電力福島原子力発電所における事故調査・検証委員会、二〇一一年
『政府事故調　最終報告書』東京電力福島原子力発電所における事故調査・検証委員会、二〇一二年
『国会事故調　報告書』東京電力福島原子力発電所事故調査委員会、二〇一二年
『ドキュメント　テレビは原発事故をどう伝えたのか』伊藤守、平凡社新書、二〇一二年
『福島原発事故　東電テレビ会議　49時間の記録』福島原発事故記録チーム編、宮崎知巳・木村英昭解説、岩波書店、二〇一三年
『浪江町　震災記録誌　あの日からの記憶』浪江町役場、二〇一三年
『プロメテウスの罠』朝日新聞特別報道部著、学研パブリッシング、二〇一二〜一五年
『福島第一原発事故　7つの謎』NHKスペシャル『メルトダウン』取材班、講談社現代新書、二〇一五年
『葛尾村　東日本大震災　記録誌　原子力発電所事故による全村避難の記録』葛尾村役場、二〇一五年
『消防活動記録誌　双葉消防の戦い』福島県双葉地方広域市町村圏組合消防本部、二〇一六年

『福島インサイドストーリー　役場職員が見た原発避難と震災復興』今井照・自治体政策研究会編著、公人の友社、二〇一六年
「原発災害地域における『安全神話』の構築と持続――当事者からの社会学の視点で」市村高志、二〇一九年
Level 7 online データベース　原発報道・検証室(https://level7online.jp)

『孤塁』その後──岩波現代文庫版によせて

二〇二〇年一月に『孤塁』を上梓して、三年が経つ。

この三年の間、社会は新型コロナウイルスに翻弄されていた。刊行の翌月、二月一五日に刊行記念トークイベントが計画されていたが、開催はぎりぎりのタイミングだった。その約二週間後には、全国のすべての小、中学校と高校、特別支援学校を、三月二日から春休みまで臨時休業にするよう首相が要請している。

時間の経過とともに、第一波当時のコロナに対する感覚を思い出すことも難しくなっているのかもしれない。

当時、未知のウイルスは社会を恐怖に陥れていた。感染者が発見されたダイヤモンド・プリンセス号の報道が連日なされ、埠頭《ふとう》に停泊するクルーズ船から患者を搬送した横浜市消防局の救急隊員の男性が感染したことも伝えられた。その報道を見て、双葉郡の消防士も、再び「最前線」となってしまうのかもしれない、と考えていた。

コロナ感染の広がりを前に、私は双葉郡の消防士に会いに行けなくなってしまった。『孤塁』刊行のすぐあとに、私はウェブ上に書かれた一つの感想を見つけた。


私の父は本著にも登場する双葉郡消防士です。

現在も彼は勤務を続けています。

父は今まで、子供の前では決して震災当時の自分の状況を話しませんでした。

仕事から帰ってくると、多少の愚痴はあれど、その次には冗談を言って笑っているような父です。

私が都内で一人暮らしを始め、実家に戻ることが少なくなってから、父と話す機会がかなり減りました。

そんな時に、父が突然この本を勧めてきました。

ここには、今まで知ることのなかった父の姿が描かれていました。

この本を読まなければ、一生知ることのできないものなのかもしれません。

父もまた、自分の息子に「バトンを渡す」べく、この本を私に勧めてきたのでしょうか。

次は父に会いに帰省しようと思います。

この感想を書いてくれた人のことも、父親がどの消防士なのかも、私は知らない。でも、この感想は何度も読み、ほとんど暗唱できる。

身内に起きた出来事を、詳しく知らない。でも知りたい、知りたかった。そういう経験が、私にはある。相手を思うからこそ聞けない、そんな経験でもある。だから、知りたいと思った身内、特に子どもたちが、いつか読んでくれたらということは、何を書いていても頭にある。その思いが届いた気がした。

また、しばらくして、本書に登場する一人の消防士から「見つけてくれて、ありがとう」と書かれたメールをいただいた。取材を続け、書き遺すことに、意味があると言っていただいたように思えた。

初めて双葉消防本部に取材に行った際、「全員から話を聞いてもいいよ」と言ってくださった渡邉敏行さんは、二〇一九年三月に定年退職。刊行記念トークイベントでは、わざわざ東京に駆けつけて講演をしてくださった(『世界』二〇二〇年四月号掲載)。

渡邉さんは、『孤塁』で、他の職員が何をしていたのか、知ったんですよ」と私に語ってくれていた。のちに、渡部友春さんも「ほとんど寝ないで活動していましたけど、寝ている間に起きていたことって、メモがある程度で、横の活動は本当に知らなかったんです」と話してくれた。

意外なようだが、よく考えればひっきりなしの出動で、「救急原票を書く暇もなかった」と、佐藤良樹さんも語ってくれていたのだった。やや状況が落ち着いても、多くの消防士が避難先から職場に通うなかでは、家族ぐるみのバーベキューも、酒を酌み交わすことも減り、「あの時、何をしていた？」とお互いにゆっくり聞き合う機会もなかったのだろう。というよりは、そうした機会も奪われてしまったのかもしれない。

『孤塁』が誰かと誰かをつないでくれたと思えるささやかな出来事が、嬉しい。もちろんそれは、自己満足に過ぎないが。

この三年の間に、新しく消防長となった加勢信二さんも、「あの本を読んで、他の職員がどんな気持ちだったのか、知りました」と言ってくださった。そして、「でも、これが、すべてではないんですよね」とも言った。ここに、いない消防士もいますから、と。本書に出ていない消防士や、原発事故後に去っていった消防士のことも想定した言葉だった。

　これがすべてではない。そのことは、改めて私も強調しておきたい。あの時に起きた出来事も、一人ひとりの思いも、今も、言えないことや言いたくないことを抱えている人がたくさんいるだろう。話をしてくれた消防士にも、きっとそれはあるはずだ。


　およそ三年ぶりに会った渡部友春さんは、原発が次々に爆発していった頃を振り返りながら、「私たちは、結果が残ることはあまりできなかったんですよ」と言った。本当に謙虚な人たちだといつも思う。みなさんが無事に生きていたことが最高の結果だ、と思いながら私が首を振り、「そんなことはないです」と言うと、

「あの時は、持っている知識も能力も全部使い果たした、という気持ちです。それでも、この町に人が戻って来られるのは二、三十年かかるだろうな、と思いましたが、一〇年でここまで来たか……という思いもあります。自分は、離れたところに住んでいるので、あまり言えないんですけれども」

と、渡部さんは言った。

　自宅は、中間貯蔵施設の敷地内。家はまだ解体されていない。父親から引き継ぐ田畑にはアスファルトが敷かれ、フレコンバッグで埋め尽くされている。携帯の地図を

示しながら、そう教えてくれた。

　昨年、別の取材で訪れた中間貯蔵施設内にある大熊町の海渡《かいと》神社は、偶然にも、渡部さんが幼い頃から行っている神社だった。中間貯蔵施設の敷地になってしまったため、地域の人たちの共同墓地は移転されたが、墓石だけはこの海渡神社にずらりと並べられている。「断腸の思いで祖先代々の田畑、歴史のつまった家をも手放し、更には祖先の御霊と共にふる里を離れる決断をした」というこの地域の区長の言葉が、石碑に刻まれている。

　その神社を訪れたことを話すと、「盆踊りとか、お祭りとか、子どものお宮参りにも行きました。思い入れのある場所です。時々、巡回でそこにも行くんですよ」と教えてくれた。

　渡部さんはこのところ、双葉郡の消防水利(消火栓や防火水槽等)の効果的な配置を考える役割を担っている。復興拠点として新たに避難指示が解除された地域の水利も、渡部さんが担当した。

　その話の流れで、中間貯蔵施設内にも防火水槽を作れないかと国に提案していることも教えてくれた。敷地内には、「国に土地を売らない」と決断した所有者の土地もある。売らない人の土地・家屋は、個人の財産にあたる。そうすると、万が一火災が発生した場合、消防が守る。守るためには、水利が必要だ。

環境省との話し合いで、水道管の復旧はできないため、防火水槽を作る流れになっているという。こういった視点——中間貯蔵施設敷地内の家であっても、当然、個人の財産であるという捉え方は、その地域を大切に思う人だからこそ、出てくるものなのだろう。

「東京の学校に通っている娘が、電車で隣に座った人が『孤塁』を読んでいたよ、と教えてくれたんです」と話してくれたのは、岡本博之さんだった。

「この土地にまったく関係がなくても、原発にはこういう危険性があって、こういうことがあったんだ、と、遠い人に知ってもらえるのはありがたい」とも言ってくださった。

「自分たちで発信するものでもない」という思いと、「誰にも知られていない」「理解してもらえない」というジレンマ。原発事故によってもたらされた大きなリスクを負いながら、住民が避難した町を、人知れず淡々と守り続けていた長い時間。そのもどかしさは、岡本さんだけではなく、他の消防士も抱えていた。「見つけてくれてありがとう」とメールを送ってくれた消防士も、同じ思いだったのかもしれない。

岡本さんは、当時、小学生だった子どもたちの話もしてくれた。いわき市で避難生活を送り、高校卒業後は親元から離れて学ぶと、長女は再び避難先に戻って就職が決まった。

「原発事故当時は小学生だったから、『将来こうなりたい』というものは具体的に見えていなかったかもしれないけれど、避難先での出会いが将来に結びついているのだろうな、とは思います。それは必ずしも悪いことではなくて、新たに出会ったものに興味を持って。……『よかった』というのが適切かはわからないけれど、(原発事故の)影響はあった、というのは事実です」

消防士ではなく父親の顔で、子どもの成長を話してくれた。

富岡町夜《よ》の森《もり》(帰還困難区域)の実家が解体されたと話をしてくれたのは、遠藤朗生さんだった。

「実際に解体されるのは悲しかったですね。解体後の土地は、紐で家の形に枠組みがしてあって、ああ、ここが俺の部屋だな……って」

家の持ち主である父親には、自分で建てた家だから解体したくないという思いがあったという。遠藤さんは「親父の好きにしたら」と言ってあった。

母校の富岡第二小学校も解体された。現在は建て替えられ老人ホームになっている。富岡第二中学校が解体される時には、そこで消防訓練をした。瓦礫に埋もれた人を救助する想定で、壁に穴をあけたり、シャッターを切ったりした。「最後に母校に教えてもらう場をもらった」と遠藤さんは言う。約四〇年前、中学校を卒業するときに書いた落書きも見つけた。その中学校は、いまは更地になっている。

コンビニに行くと、会う人が変化したんですよ、と遠藤さんは言う。かつては作業員、成人男性しかいなかったが、いまは、女性や子どもも見かける。「仕事の人」しかいなかった町に「訪れる人」や「生活している人」がいる。

一日のべ三〇〇〇台と言われていた、除染で出た汚染土を中間貯蔵施設に運ぶダンプトラックも消えた。福島県内の汚染土はほとんど運び終わっている。それも大きな変化だ。

遠藤さんの住む広野町では、町中を歩く高校生の姿も見かけるようになった。

「他の地域では当たり前なんですけれどもね。なんか、そういうのがいいなぁ、と思うんです。人がいなかったというのが、夢だったんじゃないかと思うこともあります。

ただ、廃炉がまだ、終わっていないんでね。『絶対』がない、ということが分かったんで……絶対がない、ということを覚悟してこの仕事をしないと、と思うことはあります」

「行こうと思っていた道を、うっかり通り過ぎちゃったりすることもありますよ」と話してくれたのは、志賀隆充さんだ。

「建物がなくなっているから、わからないんですよね。食堂だとかもなくなっちゃって、『ここでカツ丼食ったよなぁ』なんて、話すこともあります」

原発事故によって、地域全体が傷ついたが、最近になって少しずつ、個人個人で頑張りたい人が集まり、点が線につながり、「双葉郡もだいぶ元気になってきています」と志賀さんは言う。

最近では、「双葉ワールド(双葉郡八町村で持ち回りで開催しているイベント)」で、双葉消防本部のキャラクター「ふたばちゃん」の着ぐるみを初披露した。実は、この「ふたばちゃん」は、原発事故から数年後、交通事故に対応していた際に殉職した職員が考えたキャラクターだ。志賀さんにとっても、予防係で一緒に仕事をしていた職員だった。着ぐるみが完成した二〇二二年のお盆に、同僚にその着ぐるみを着てもらい、墓前に報告に行った。

「その職員は、原発事故直後の大変な時期を一緒に過ごした、仲の良い後輩でした。ふたばちゃんを連れてお墓参りに行く、と伝えたら、遺族も来てくれたんですよ」

下の子は、着ぐるみに抱きついて離れない感じでした、と言いながら、志賀さんは写真を見せてくれた。

渡邉克幸さんは、「坂本さん」になっていた。克幸さんの名札が変わっていたのだ。あれ？　と私が訊ねると、「弟が家を継ぐことが決まって。自分の苗字が変わったのは最近なんですよ。まだ馴染めなくて不便です」と笑った。

現場を無断で離れ辞表を出した当時の話になった時は、本を読んだ先輩から「俺も相談にのってやっていたぞ」と冗談めかして言われたりもしたという。確かに、仕事を続けることと、原発事故への不安、家族への心配など、その先輩にも相談にのってもらっていたことがあった。

でも、あの当時のことは、拠点となった川内出張所の薄暗闇の中で、椅子を丸く並べ、みんながタバコを吸って新聞を読んでいた記憶が強烈で、細部は思い出そうとしてもなかなか蘇らない。非番の日が終わると、朝から晩まで捜索活動をして帰り、賞味期限が切れたパンと缶詰を食べる、それが延々と続いていたという印象が強かった。

「あの頃は、みんな、仕事と自分のことで精一杯でしたよね。避難所にいる家族がどこに住めばいいのかと、借上住宅やアパートを確保して……。だから、その先輩の家族の話も、大変だったんだなぁ……って、実は本で知ったんです」と克幸さんは言った。

原発事故後、被ばくの影響があるのではと恐れられていた双葉郡が、コロナ禍では感染者数が少なく、「安全な地域」という感じがしていた。それが、「不思議だった」と克幸さんは言った。

「『双葉郡』と十把《じっぱ》一絡《ひとから》げにいうのは難しいと最近思うんです」と、金澤文男さんに問いかけてみた。原発事故からまもなく一二年。双葉郡六町二村、それぞれの現状がある。

「確かに、原発からやや遠い広野町や楢葉町と、それ以外の解除が遅れている町は、少し違うのかな。解除されればいいというものでもないけれど、遅れれば遅れるほど、葛藤もあって……」

金澤さんの自宅は、大熊町の帰還困難区域にある。

大熊町からは、帰還の意思を問う意向調査が来ているものの、帰還する人の家は除染するけれど、帰還しない人の家は除染しない、というまだらな除染も、判断に迷う要因の一つだ。

「自宅はそのままになっていますね。一度、窃盗に入られているんです。あとは小動物に荒らされてしまいました。帰るのは、お盆、春と秋のお彼岸、お袋の命日の年に四回くらいです」

近所の人たちと話をすると、「俺が死んだら、葬式はここから出してもらうんだ」と話す地区の先輩もいる。同じ地区の人でも、帰還の判断はそれぞれだ。

そういえば、と金澤さんは私に言った。

「あの、ダイヤモンド・プリンセス号に入っていった防護服を見て、何か思わなかったですか？」

当然、その姿に私は双葉郡の消防士たちを思い出していた。前述した通り、「コロナ禍でもまた消防士は『最前線』になってしまう」と。そのことを伝えると、金澤さんは「でしょう」と言い、

「実は、我々も、一〇年前と同じだな、と思っていました。でも、放射線とウイルスの違いもあって、放射線は測定しながら進むことができるけど、コロナは測定できませんからね。感染すると、すぐ数日後に熱が出る、という違いもあって……」

実は、知り合いのDMAT《ディーマット》(災害派遣医療チーム)の医者が、あのダイヤモンド・プリンセス号に応援に駆けつけていた。その医師は、二〇一八年のゴールデンウィークに起きた、浪江町十万山の山火事で双葉消防のもとに駆けつけ、拠点となった体育館の一区画にカフェを設けて、連日の消火活動に疲弊する消防士たちを励まし続けてくれた人だ。

「その医師は、ダイヤモンド・プリンセス号の入り口で、『入ったら帰れないかもしれない』と思ったそうなんです。その時に『双葉消防が原発の火災現場に駆けつけた時のことが頭をよぎったんだよ』とあとから話してくれました」

金澤さんはその医師と、今も交流を続けている。

そして、総務課長となった金澤さんは、今後の双葉消防が組織としてどうなっていくか、心配もしている。

「これまでは、職員の九九%が地元の人だったんです。でも、未来の担い手がいない現状で、数年後、数十年後はどうなるのか、ということを考えます」

それは、消防に限らず、役場でも同じだと思う、と金澤さんは言う。いずれは、他所から来る人に頼らざるを得なくなる未来も見据えている。

「最近、天神岬(楢葉町)の温泉に行ったんですが、家族で来る人もいれば、単身の人、作業員かな、という人も多くてね」

作業員の人たちは、仕事が終われば出身地に帰る人が多い。もちろん、この地域を応援してくれる人や活気づけてくれる人たちもいる。しかし、企業を誘致して働く場所を作り、従業員が来るとしても、その人たちがどのくらいここに住み続けるのか、ということに、今後の地域の様相も、消防組織も、左右されるのではないかと金澤さんは考えている。


ここ数年で入ってきた新しい職員は、原発事故当時、子どもだった人たちだ。坂本(渡邉)克幸さんは、「別の地域に避難していました、とか、津波に巻き込まれそうだったけれど自転車で逃げてぎりぎり大丈夫だったんです、という子もいました。ふとした時に震災のことを話したりすると、『え、そうだったんですか』という感じですね」と話してくれた。

渡部友春さんも、「一番若い職員は、原発事故当時、小学一年生でした。避難をして、いわき市の高校を卒業して、入ってきたんです。その前に入った子は、当時中学生でしたね」と言っていた。

遠藤朗生さんは、「だんだんと心の平穏も保たれて、それは家族のおかげでもあるんですが、でもやっぱり廃炉までは安心できないというのがあります。自分の代ではきっと廃炉は終わらないので、子ども、孫の代まで宿題を残してしまった……という思いがあります」とも話していた。

岡本博之さんも、「放射線の影響は残っているので、それに応じた指導をするのも経験した職員の役割です」と、組織内での経験の継承に触れている。

そんな言葉からも、原発事故を過去のものにしてはいけないと改めて思っている。

双葉郡は複雑だ。

町並みに血が通い、脈を打ち始める一方で、壊死《えし》したかのような無惨な姿もある。取材に通っていた頃に渋滞で悩まされた常磐自動車道のある区間の工事は完了して二車線となり、通行止めのシャッターに閉ざされていた道路も少しずつ開かれ、通行証がなくても入れる地域も増えた。

建物が解体され、更地が増えた。その一つひとつが、ただの更地ではない。誰かの、家族丸ごとの、人生・暮らしが更地にされている。

その一方で、ピカピカの新しい建築物が建ち、整備された家の前に車を見かけることも増えた。横断歩道を渡るのはそこに生活する人であり、飲食店もある。

そして、二〇一一年三月に避難をした時のまま、朽ちてゆく建物もある。かつては美しい田園だったはずの、人の手の入らなくなった土地は、あっという間にうっそうとした森になり、山に溶け込んでしまった。

少し小道に入り茂みを測定すれば、いまなお、原発事故前の数十倍、数百倍の、生活圏にあってはならない数値の放射線量があることも、今なお、多くの人が避難したままであることも、事実だ。

双葉郡が複雑なように、原発事故の被害者の現在地も、それぞれに複雑で多様だ。誰かの「選択」は、別の誰かの「選択」とは違う、というのは平時には当たり前のことだ。他者を尊重したり、放っておけたりする。でも、原発事故は、平時の単なる違いを、場合によっては深い溝に変えてしまうことがある。

「分断」という言葉がよく使われるが、原発事故によって選ばされた何かが、相手の選択とは違うことで親しい人と疎遠になってしまうような人間関係に対する寂しさや悲しみ、それらが放射能汚染によってもたらされたという理不尽さは、「分断」のたった二文字では表現しきれない。

これまで出会った多くの原発事故被害者のほとんどが、「選びたくないものの中から何かを無理やり選んできた」ということと同時に、「住んでいた土地を、人を、文化を、コミュニティを、土地に根ざした自分の歴史とその暮らしすべてを大切に思っていた」という点においても、同じだったから。

一号機が爆発した三月一二日の夜、ヘッドライトに照らされたきらきら光る粒子が舞うのを見ながら、横山典生さんは、「たった一日前の、大地震と津波のあとの世界が、いま、どこに向かっているのか」と考えていた。自分の命が危険にさらされる切迫した暗闇のなかで、世界をなんとか捉えたいと思考していた横山さんの言葉は、心に残った言葉の一つだった。

そして今、新型コロナの感染拡大やロシアによるウクライナ侵攻があり、「戦争」が連日報じられ、この世界はどこに向かっているのかと、私も考えることがある。暮らしが暴力によって、突然破壊されていく様を目の当たりにし、あらためて、市井の人の経験と、日常への思いこそ、聞かれ続けなければならないと思っている。それが、日常が壊されない世界のために、必要なことだ。

渡邉敏行さんの「教訓にしてほしい」という言葉があり、それを胸に、二〇一九年から、全国の原発避難計画の取材を重ねた。どの原発立地自治体の避難計画も、現実とかけ離れていて、市井の人を守れるものだとは到底思えなかった。さらに、ウクライナのザポリージャ原発も攻撃を受け、戦争における原発のリスクを突きつけられている。しかしいま、日本政府は「原発回帰」を打ち出し、原発の再稼働、新増設、さらには運転期間の延長まで言い出している。それはまるで、二〇一一年、多くの人々の人生を根こそぎ奪った出来事を忘れてしまったかのようだ。

原発事故後の記憶を殺さないでほしい。きっと、その一人ひとりの経験が未来につながると信じている。ささやかな幸せがどんなものだったのか。どうして、それが壊されたのか。そしてこれから、どんなふうに生きていけることが、回復なのかを。

改めて、真摯に話をしてくれた消防士たち一人ひとりに、感謝の気持ちを伝えたい。

二〇二二年一一月　紅葉の福島にて

吉田千亜

本書は二〇二〇年一月、岩波書店より刊行された。

孤塁　双葉郡消防士たちの3・11

2023年1月13日　第1刷発行

著　者　吉田千亜《よしだちあ》

発行者　坂本政謙

発行所　株式会社　岩波書店
〒101-8002 東京都千代田区一ツ橋2-5-5
案内 03-5210-4000　営業部 03-5210-4111
https://www.iwanami.co.jp/

印刷・精興社　製本・中永製本

ISBN 978-4-00-603333-0　　Printed in Japan

岩波現代文庫創刊二〇年に際して

二一世紀が始まってからすでに二〇年が経とうとしています。この間のグローバル化の急激な進行は世界のあり方を大きく変えました。世界規模で経済や情報の結びつきが強まるとともに、国境を越えた人の移動は日常の光景となり、今やどこに住んでいても、私たちの暮らしは世界中の様々な出来事と無関係ではいられません。しかし、グローバル化の中で否応なくもたらされる「他者」との出会いや交流は、新たな文化や価値観だけではなく、摩擦や衝突、そしてしばしば憎悪までをも生み出しています。グローバル化にともなう副作用は、その恩恵を遥かにこえていると言わざるを得ません。

今私たちに求められているのは、国内、国外にかかわらず、異なる歴史や経験、文化を持つ「他者」と向き合い、よりよい関係を結び直してゆくための想像力、構想力ではないでしょうか。

新世紀の到来を目前にした二〇〇〇年一月に創刊された岩波現代文庫は、この二〇年を通して、哲学や歴史、経済、自然科学から、小説やエッセイ、ルポルタージュにいたるまで幅広いジャンルの書目を刊行してきました。一〇〇〇点を超える書目には、人類が直面してきた様々な課題と、試行錯誤の営みが刻まれています。読書を通した過去の「他者」との出会いから得られる知識や経験は、私たちがよりよい社会を作り上げてゆくために大きな示唆を与えてくれるはずです。

一冊の本が世界を変える大きな力を持つことを信じ、岩波現代文庫はこれからもさらなるラインナップの充実をめざしてゆきます。

（二〇二〇年一月）